Nachtleben im alten Rom

Karl-Wilhelm Weeber

Nachtleben im alten Rom

Die Deutsche Bibliothek verzeichnet diese Publikation in der
Deutschen Nationalbibliografie; detaillierte bibliografische
Daten sind im Internet über http://dnb.ddb.de abrufbar.

Das Werk ist in allen seinen Teilen urheberrechtlich geschützt.
Jede Verwertung ist ohne Zustimmung des Verlags unzulässig.
Das gilt insbesondere für Vervielfältigungen, Übersetzungen,
Mikroverfilmungen und die Einspeicherung in und Verarbeitung durch elektronische Systeme.

© 2004 by Primus Verlag, Darmstadt
Gedruckt auf säurefreiem und alterungsbeständigem Papier
Einbandgestaltung: Jutta Schneider, Frankfurt
Einbandmotiv: Wandbild mit der Darstellung von Venus und
Mars. Wandmalerei des IV. Stils (3. Viertel 1. Jh. n. Chr.). Gefunden im Haus des Mars und der Venus (Casa di Marte e Venere,
Pompeji). Neapel, Nationalmuseum, Bildarchiv Steffens/
Leonard von Matt
Layout & Prepress: schreiberVIS, Seeheim
Printed in Germany

www.primusverlag.de

ISBN 3-89678-256-8

Inhalt

vigilia –
Wach sein, wenn die anderen schlafen 7

popina –
Wirtshäuser, Kneipen und Herbergen 19

alea –
Wenn der Würfelbecher die Nacht regiert 43

infamia –
Facetten des römischen Rotlicht-Milieus 61

comissatio –
Trinkgelage mit (nicht nur)
„verrückten Gesetzen" 85

acroama –
Tafel-Unterhaltung(en) 103

grassatio –
Nachtschwärmer mit Rowdyallüren 115

rixa nocturna –
Liebesnächte in der Welt der römischen Elegie 131

ad lychnuchos –
Nächtliche Schauspiele im Fackelschein 143

Anhang 155

Abkürzungsverzeichnis 155

Anmerkungen 157

Literaturverzeichnis 165

Bildnachweis 168

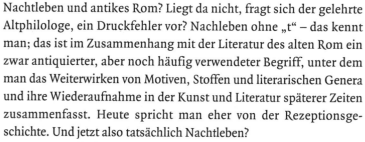
vigilia – Wach sein, wenn die anderen schlafen

Ein ungewohntes Binnen-„t"

Nachtleben und antikes Rom? Liegt da nicht, fragt sich der gelehrte Altphilologe, ein Druckfehler vor? Nachleben ohne „t" – das kennt man; das ist im Zusammenhang mit der Literatur des alten Rom ein zwar antiquierter, aber noch häufig verwendeter Begriff, unter dem man das Weiterwirken von Motiven, Stoffen und literarischen Genera und ihre Wiederaufnahme in der Kunst und Literatur späterer Zeiten zusammenfasst. Heute spricht man eher von der Rezeptionsgeschichte. Und jetzt also tatsächlich Nachtleben?

Davon war doch, ist sich jeder sicher, der jemals Latein gelernt hat, im Unterricht nie die Rede! Allenfalls stößt man nach einigem Nachdenken über das Assoziationspaar „Nacht" und (altes!) „Rom" auf den unvermeidlichen Caesar. Der teilte seine Soldaten in vier Nachtwachen (*vigiliae*) ein und führte die Truppen gelegentlich *de tertia vigilia*, „um die dritte Nachtwache", im für die Soldaten angenehmeren Fall erst *de quarta vigilia*, „um die vierte Nachtwache", aus dem Lager, um die Dunkelheit militärtaktisch zu nutzen. Doch fällt das schwerlich unter den normalen Begriff „Nachtleben" ...

Ein zweiter Gedanke richtet sich vielleicht auf den wackeren Consul Cicero, der pflichtbewusst die Nächte durchwacht, um Rom vor den üblen Machenschaften des Verschwörers Catilina oder anderer finsterer Gestalten zu schützen – und der in der ihm eigenen Art ebenso unermüdlich darauf hinweist, wie er nachts unermüdlich auf dem Posten und wachsam geblieben ist, damit die ihm anvertrauten Bürger in Sicherheit schlafen können.¹ Freilich – „klassisches" Nachtleben sieht noch etwas anders aus ...

Das gleiche trifft auf eine dritte Assoziation zu: Jene *lucubrationes*, „Arbeiten bei künstlichem Licht", die Schriftsteller und Denker gern für sich beanspruchten, um die Mühen des kreativen Prozesses zu veranschaulichen², fanden zwar – zumindest angeblich – bei Nacht statt, doch wird man den Freizeitwert dieser literarischen Aktivitäten als eher gering veranschlagen. „Nachtleben" im landläufigen Sinn verbindet sich ja durchaus mehr mit Neigung als mit Pflicht. Man könnte sogar sagen: mit Vergnügen, Lebensfreude und einem Schuss Leichtlebigkeit.

Waren die Römer „Frühschläfer"?

Was die bisher skizzierten Assoziationen zu „Rom" und „Nacht" angeht, ist in dieser Hinsicht Fehlanzeige festzustellen – sofern man das *antike* Rom meint. Mit dem modernen verhält es sich geradezu umgekehrt. Da bekommen viele glänzende Augen, wenn sie an „Nachtleben" und „Rom" denken. Eine kurze Internet-Recherche bestätigt den Befund. Die Kombination „Rom/Nachtleben" ergibt zahlreiche verlockende Treffer, und überraschenderweise ist das auch der Fall, wenn man „antikes Rom/Nachtleben" eingibt. Die englische Version *ancient Rome/nightlife* ist noch erfolgreicher. Das Erfolgsgeheimnis sind touristische Angebote vom Typ *Ancient Rome by night*: In der Regel verbirgt sich dahinter ein Sightseeing-Programm per Bus an stimmungsvoll illuminierten Ruinen entlang.

Es mutet fast wie eine Tragik der Geschichte an, dass solche nächtlichen Erlebnisse nicht möglich waren, als das monumentale Rom der Kaiserzeit noch in seiner ganzen Pracht bestand. Die repräsentative Wirkung, die bei Tage von den marmornen Fassaden, den goldenen Tempeldächern und den prunkvollen, die Weltherrschaft spiegelnden Vergnügungs- und Zweckbauten ausging und ausgehen sollte³ – bei Nacht ging sie dramatisch zurück, tendierte die Suggestionskraft einer Architektur der Macht und des Wohlstandes gegen Null. Abgesehen von hellen Mondscheinnächten⁴ war die *aurea Roma*, das „goldene Rom", nämlich in keiner Weise beleuchtet. Das gilt bis auf wenige Ausnahmen für alle römischen Städte.[5] Nachts waren sie in tiefste Dunkelheit getaucht.

Ein Befund, der den englischen Althistoriker J. P. V. D. Balsdon in seinem Standardwerk über *Leben und Freizeit im antiken Rom* zu der lakonischen Schlussfolgerung gebracht hat: „With the coming of darkness, most people went to bed."[6] Man sollte sich gut überlegen, ob man einem exzellenten Kenner des römischen Alltagslebens wie Balsdon widersprechen will. Deshalb stimmt man ihm zunächst am besten zu und bezieht seine Feststellung auf das Land. Dort, wo rund 85 Prozent der Bevölkerung des Imperium Romanum lebten, war es gewiss so: Von ein paar Kneipen und Absteigen an den großen Fernstraßen abgesehen, erstarb das öffentliche Leben mit dem Einbruch der Dunkelheit – und der weitaus größte Teil des privaten Lebens dazu. Die Landarbeit begann in den frühen Morgenstunden oft noch vor Sonnenaufgang; entsprechend erschöpft waren die Bauern, die freien und unfreien Landarbeiter, wenn sie abends von den Feldern zurückkamen.[7] Die allerwenigsten hatten dann noch die physische Kraft, sich in ein – zudem nicht vorhandenes! – Nachtleben zu stürzen. Allenfalls wenige Landfeste, die einzigen Inseln unbeschwerter Freizeit im harten Leben der *plebs rustica*, wurden mit Wein und Ausgelassenheit bis in die Nächte hinein gefeiert. Ansonsten leistete der „Allbezwinger" Hypnos („der Schlaf") nachts auf dem Lande ganze Arbeit.

Was die Städte angeht, hängt die Richtigkeit von Balsdons These entscheidend von der Interpretation des *most* ab. Es ist wohl anzunehmen, dass mehr als die Hälfte auch der Stadtbevölkerung sich nach Einbruch der Nacht schlafen legte und Kraft für den nächsten Tag tankte. Aber ob die Quote derer, die sich in den ersten Stunden der Nacht in der Öffentlichkeit oder in privaten Zirkeln vergnügten, bei 20, 30 oder 40 Prozent lag, erläutert uns das *most* nicht. Tatsächlich wissen wir das auch nicht; und selbst für ganz grobe Schätzungen liegt kein seriös analysierbares Quellenmaterial vor. Balsdons Formulierung lässt erkennen, dass er mit einer sehr hohen Quote von „Sofort-Schläfern" rechnet. Das wäre, auf die Hauptstadt Rom bezogen, ein ebenso falscher Eindruck wie der auf vereinzelten Quellen beruhende, in mondänen Badeorten wie Baiae, dem Sündenbabel der römischen Oberschicht, seien Mondschein-Bootsfahrten auf dem Averner See und dem Meer oder feucht-fröhliche Strandpartys bei Fackelschein der nächtliche Standard gewesen.[8]

Schlaflosigkeit durch Lärm

Keineswegs legte sich mit Beginn der Dunkelheit Stille über die Hauptstadt, keineswegs versank sie bis zum frühen Morgen gewissermaßen in kollektiven Schlaf. Mochten auch das hektische Treiben und das Menschengewühl, die dort bei Tage herrschten, am Abend abebben, so blieb Rom doch eine clamosa urbs, eine „lärmerfüllte Stadt".

Ein wesentlicher Grund dafür war das von Caesar verfügte Tagesfahrverbot für Last- und Reisewagen. Bis auf wenige Ausnahmen durften zwischen Sonnenaufgang und der zehnten Stunde, also dem späten Nachmittag, im Stadtgebiet „mit zusammenhängender Bebauung" keine Fuhrwerke unterwegs sein.[9] Nur so konnte der sonst drohende Verkehrskollaps in die Bahnen eines normalen alltäglichen Verkehrschaos gelenkt werden.

Das verlagerte freilich einen erheblichen Teil des Transports- und Passagieraufkommens in die Nacht. Tatsächlich rumpelten zur nächtlichen Stunde zahlreiche Wagen über das grobe Basaltpflaster der größeren innerstädtischen Verkehrsadern. Das hatte gravierende Auswirkungen auf die Lebensqualität all der Römer, die nicht in Stadtvillen mit geräumigem schallschluckendem Garten-Areal, son-

Schlaflos in Rom

Hier sterben viele, weil Schlaflosigkeit sie krank gemacht hat (...).
Denn in welcher Mietwohnung kann man schlafen?
Sehr reich muss man sein, um in Rom schlafen zu können.
Das ist die Hauptursache des Übels: Wagen biegen in scharfer Wendung um die Straßenecken, die Treiber schimpfen laut, wenn die Herde nicht weiter kann –
all das würde einem Drusus oder einem Meerkalb den Schlaf nehmen.
Juvenal, Satiren III 232 ff. (Ü: H. C. Schnur)

dern in direkt an den Straßen gelegenen Mietskasernen wohnten. Der *strepitus rotarum*, „Lärm der Räder", gehörte zu den fundamentalen Unerträglichkeiten im nächtlichen Rom.[10] Er verursachte bei vielen Menschen Schlafstörungen, machte ihnen – zumindest in satirischer Überspitzung – das Leben zur Qual; die Lärmemissionen *negant vitam*, „verneinen" das Leben, machen es unerträglich, sagt Martial.[11] Und Juvenal ergänzt, dass diese Schlafdefizite[12] nicht selten Krankheiten auslösten, die letztlich zum Tode führen könnten.[13]

Und es blieb ja nicht beim Lärm der Räder. Die aus- und einsteigenden Passagiere unterhielten sich nicht gerade im Flüsterton, und die Treiber und Pferdeknechte, die beileibe nicht zu den Zartbesaiteten, sondern eher zu den Kernigen[14] zählten, gerieten auf den engen Straßen oft genug in Streit und sagten sich lautstark die Meinung.

Die Erfindung der Feuerwehr

Rechnet man die Zahl der Passagiere im Reiseverkehr von und nach Rom ein, so dürften es mehrere tausend Menschen gewesen sein, die allein aufgrund des Tagesfahrverbots im nächtlichen Rom unterwegs waren. Hinzu kam eine in der letzten ‚Ausbaustufe' 7000 Mann starke Feuerwehrtruppe (*vigiles*), von der ein großer Teil in der Nacht Dienst tat. Das war allerdings erst seit der Kaiserzeit der Fall. Eine effiziente Feuerwehr hatte es trotz der zahlreichen Brände in der Zeit der Republik nicht gegeben. Die kleine Behörde der *tresviri nocturni* („Drei-Männer-Kollegium für nächtliche Aufgaben"), die mit ein paar Staatssklaven für Ordnung bei Nacht und Brandbekämpfung sorgen sollten, war schlicht überfordert und kam deswegen wohl meistens *tardius*, „zu spät".[15]

Die vom Staat gelassene Lücke versuchte im 1. Jahrhundert v. Chr. Marcus Crassus zu füllen, indem er eine Privatfeuerwehr von 600 Sklaven aufstellte. Die griff indes nur ein, wenn die Eigentümer der brennenden oder vom Brand bedrohten Gebäude ihre Immobilien zu Schleuderpreisen an Crassus verkauften – eine Praxis, die schon im Altertum als unanständig und skrupellos empfunden wurde, aber erheblich dazu beitrug, dass Crassus zum reichsten Mann seiner Zeit avancierte.[16]

Im Jahre 26 v. Chr. stellte Egnatius Rufus eine neue Privatfeuerwehr auf. Sie machte ihr Eingreifen von keinerlei finanziellen Vorleistungen abhängig und stellte ihre Dienste auch nicht in Rechnung. Aber sie machte ihren Gründer ungeheuer populär und brachte ihm eine außerordentliche Prätur, das zweithöchste Amt, als Anerkennung für sein soziales Engagement ein.[17]

Bei Augustus, der wenige Jahre zuvor seine Monarchie begründet und die neue Staatsform noch nicht recht konsolidiert hatte, schrillten die Alarmglocken. Da drohte ihn jemand als Wohltäter in der Gunst des Volkes zu überflügeln. Jedenfalls witterte er Konkurrenz in seinem Selbstverständnis als alleiniger ‚Patron' des römischen Volkes. Er handelte umgehend, indem er den missliebigen Rivalen als Verschwörer verhaften und ins Gefängnis werfen ließ.[18]

Gleichzeitig aber griff er dessen Projekt einer schlagkräftigen Feuerwehr auf. Die Beliebtheit des Egnatius Rufus hatte gezeigt, wie dankbar die Menschen für diesen Service waren. Kein Wunder, denn Brände zählten neben Hauseinstürzen zu den Unglücken, die das Leben in der Hauptstadt ständig überschatteten: „Bei Tag und Nacht fürchten sich die Menschen vor Einsturz und Feuer", bringt Seneca diese weit verbreitete Sorge auf den Punkt.[19] Modernen Schätzungen zufolge gab es in Rom Tag für Tag etwa 100 Brände, „von denen 20 beachtlich und zwei gravierend waren".[20]

Um so wichtiger, dass Augustus im Jahre 7 oder 6 v. Chr. endlich generalstabsmäßig eine staatlich finanzierte Berufsfeuerwehr von 3500 Freigelassenen aufstellte![21] Sie war in sieben Kohorten zu je 500 Mann gegliedert. Um 200 n. Chr. wurde die Zahl der *vigiles* („Nachtwächter") auf 7000 verdoppelt. Die Truppe war paramilitärisch organisiert und stand unter dem Befehl eines *praefectus vigilum*. Sie war dezentral in mehreren *excubitoria* („Wachlokalen") stationiert, wobei die Wachen in dicht bevölkerten Wohnvierteln, die erfahrungsgemäß besonders gefährdet waren, personell stärker besetzt waren als in weniger dicht besiedelten. Wichtigste Aufgabe der Feuerwehrleute war es, „die ganze Nacht über zu wachen und gemeinsam in Stiefeln, mit Feuereimern und Äxten Streife zu laufen".[22] Das zeigt, dass auch nachts das Feuerrisiko hoch war: Zum einen, weil eben doch viele zumindest in den frühen Nachtstunden nicht schliefen, sondern Nachtleben in unterschiedlicher Weise ‚praktizierten', zum anderen, weil jedenfalls in den kälteren Monaten offene Kohlebecken zum Heizen genutzt wurden, die ebenso wie die ja ausschließlich zur Verfügung stehenden offenen Lichtquellen hochriskante potenzielle Brandherde waren.

Ordnungshüter, lichtscheue Gestalten, Nachtschwärmer

Neben ihrer Funktion als Feuerwehr hatten die *vigiles* auch polizeiliche Befugnisse. In der Großstadt – aber auch in kleineren Städten, wo es in der Regel ähnliche Strukturen nächtlichen Wachdienstes gab – trieb sich bei Nacht manches lichtscheue Gesindel herum, das nichts Gutes im Schilde führte: Klein- und Großkriminelle, die sich im Schutze der Dunkelheit zu ihren Beutezügen aufmachten. Ausdrücklich werden „Brandstifter, Einbrecher, Diebe, Räuber und Hehler" dem Kompetenzbereich der *vigiles* zugeordnet.[23]

Gleichzeitig mit ihnen taten nachts auch Einheiten der „Stadtkohorten" (*cohortes urbanae*) Dienst. In ihnen waren bis zu 4000 „Posten" (*stationarii*) tätig, die über das gesamte Stadtgebiet verteilt waren und vornehmlich als eine Art Bereitschaftspolizei fungierten.[24] Ihr Einsatz lag überwiegend in den hellen Tagesstunden, indem sie z. B. als Sicherheitspersonal bei den öffentlichen Spielen für Ruhe und Ordnung sorgten. Wohl nur der kleinere Teil der Stadtkohorten wurde auch zum Nachtdienst eingeteilt. Die Aufgabenteilung zwischen ihnen und den *vigiles* ist nicht ganz klar. Möglicherweise schritten die Angehörigen der *cohortes urbanae* vor allem bei niedrigschwelliger Kriminalität und bei Ordnungswidrigkeiten ein. Nachts könnte die Aufsicht über Kneipen, Bordelle und andere ‚anrüchige Orte' zu ihren Aufgaben gehört haben, daneben wohl auch die ‚Betreuung' allzu ausgelassener Nachtschwärmer …

Solche gab es nämlich im nächtlichen Rom – ebenso wie in anderen römischen Städten – durchaus, auch wenn sie im schulischen Latein- und Geschichtsunterricht nicht vorkommen. Wir werden sie und ihren ‚Beitrag' zum Nachtleben auf den folgenden Seiten näher kennen lernen – ohne dass wir unsere eingangs gestellte Frage genau werden beantworten können, wie hoch der durchschnittliche Prozentsatz der Römer war, die in der einen oder anderen Weise am

1 *Graffito aus dem Wachraum der 7. Feuerwehr-Kohorte der Region Trans Tiberim (heute: Trastevere): Ein Marcus Antonius teilt mit, er habe für die Beleuchtung im Wachraum gesorgt; sebaciaria sind Talglichter.*

Nachtleben teilnahmen. Klar ist indes, dass die Zahl der Dienstleister, die im Gastronomie- und Unterhaltungsgewerbe tätig waren und gewissermaßen professionelle Angebote im und für das Nachtleben machten, nicht gering gewesen ist.

„Tageslicht-Flüchter"

Zu einer ganz kleinen Minderheit gehörten dagegen jene ‚nachtaktiven' Menschen, die den Rhythmus von Tag und Nacht bewusst umkehrten, indem sie „die Nacht zum Tage und den Tag zur Nacht machten". Einige dieser „Tageslicht-Flüchter" (lucifugae) stellt uns Seneca in seinem 122. Brief vor; darunter einen gewissen Sextus Papinius. Der ließ sich am frühen Abend Rechnungen vorlegen und erledigte Schreibtischarbeit; ein paar Stunden später begann er mit rhetorischen Übungen. Wieder einige Stunden später unternahm er Spazierfahrten. Gegen Morgen nahm er seine Hauptmahlzeit ein, um sich dann schlafen zu legen – aus Senecas Sicht im Rahmen der grundsätzlichen ‚Perversion' ein noch einigermaßen harmloser „Lampen-Leber" (lychnobius).²⁵

Denn die meisten dieser Nachteulen sind in seinen Augen verdrehte Luxusjünger (luxuriosi), die sich wider die Natur verhalten, um aufzufallen. Um Gegenstand des Stadtklatsches zu werden – heute würde man sagen: um von der yellow press als ‚Promis' hinreichend beachtet zu werden –, mussten sie sich etwas einfallen lassen. „Findet doch", fügt Seneca bitter hinzu, „in einer so geschäftigen Stadt die ganz normale Nichtsnutzigkeit keinerlei Beachtung."²⁶

Bei Moralisten standen Nachtmenschen als hemmungslos genusssüchtige Zeitgenossen unter Verdacht, als unseriöse, ja lasterhafte Subjekte von ausgesprochen anstößigem Lebenswandel. „Die Nächte verbringen sie in Wollust und Trunkenheit", wettert der Agrarschriftsteller Varro, „die Tage mit Spiel und Schlaf." Und das wollen „Günst-

---

„Lampen-Leber" Varus

Als Montanus weiter rezitierte: „(...) Schon beginnt die Nacht den schlaftrunkenen Landen träges Schweigen zu geben", sagte Varus: „Was sagst du da? Schon ist Nacht. Ich werde gehen und Buta meine Aufwartung machen*. Nichts war bekannter als dessen ins Gegenteil verkehrtes Leben.

*üblicherweise geschah das am frühen Morgen

Seneca, epistulae morales 122, 13

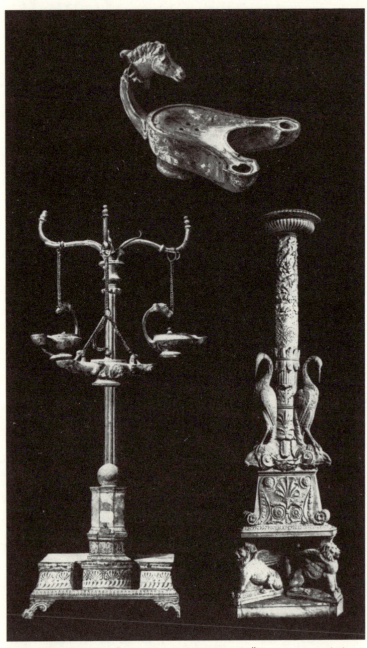

2 Beleuchtungskörper: Öllämpchen, Kandelaber mit Öllampen, Kerzenhalter

linge des Schicksals" sein, „die die Sonne weder auf- noch untergehen sehen"? Von wegen „Günstlinge des Schicksals!", hält er ihnen entgegen. Ihre Körper sehen schon in jungen Jahren so kraftlos und verlebt aus, dass „man den Eindruck hat, dem Tod bleibe nichts mehr daran zu ändern".[27]

Wenn *vigilia*-Welten aufeinander stoßen ...

Mitunter trafen die beiden Welten hart aufeinander – die Welt derer, die sich im Dienste von Sicherheit und Ordnung der *vigilia*, dem „nächtlichen Wachen", verschrieben hatten und damit ihren Lebensunterhalt verdienten, und die Welt derer, die sich bis tief in die Nacht vergnügten und ihre nächtliche *dolce vita* auch einmal bis zum Morgengrauen ausdehnten. Einen solchen Zusammenstoß schildert Petron in seinem Roman, als die berühmt-berüchtigte *cena Trimalchionis*, das Gastmahl des neureichen, protzigen Ex-Sklaven Trimalchio, sein jähes Ende findet.

Auf dem Höhepunkt seiner Nachtparty möchte der betrunkene Hausherr seiner ebenfalls weinseligen Gästeschar das zugegebenermaßen seltene Schauspiel seiner eigenen Bestattung geben – wenn auch nur gespielt: Er streckt sich der Länge nach auf dem Speisesofa aus und fordert eine von ihm angeheuerte Hornisten-Truppe auf: „Tut so, als wäre ich tot! Tragt etwas Nettes vor!" Der Wunsch des Hausherrn ist ihnen Befehl: „Sie bliesen ein Tutti von der Lautstärke wie auf dem Friedhof."[28]

Das Fortissimo weckt nicht nur die gesamte Nachbarschaft auf. Es ruft auch die Feuerwehr auf den Plan. Denn sie glaubt an ein Alarmsignal und schreitet unverzüglich zur Tat. In der Annahme, Trimalchios Haus stehe in Flammen, „brachen sie die Haustür auf und gingen daran, kraft Amtsbefugnis mit Wasser und Beilen einen riesigen Tumult zu machen".[29]

Damit war das von Trimalchio inszenierte Nachtleben unversehens zu Ende – wenngleich mit einem spektakulären Crash, der von ihm selbst nicht besser ins Drehbuch seiner Gastmahl-Regie hätte geschrieben werden können.

Wie solch eine nächtliche Gastmahl-Inszenierung aussah und wie man sich anderweitig nachts im Alten Rom unterhalten (lassen) und vergnügen konnte, darüber möchten die folgenden Kapitel informieren. Bleibt zu hoffen, dass sie nicht als schlaffördernde Nachtlektüre empfunden werden ...

popina – Wirtshäuser, Kneipen und Herbergen

Consul Lateranus auf Abwegen

Wie dekadent ein Großteil der römischen Aristokratie ist, lässt das Beispiel des Consuls Lateranus erkennen – so jedenfalls die Sicht des Satirikers und Moralisten Juvenal, der seine achte Satire dem – tatsächlichen oder vermeintlichen – Niedergang der gesellschaftlichen Elite widmet. Lateranus ist ein besonders unrühmliches Exemplar dieser Spezies, die sich zwar ihrer kriegerischen Ahnen brüstet, selbst aber „die ganze Nacht mit Würfelspiel verbringt" und die „erst mit dem Aufgang des Morgensterns zu schlafen beginnt – zu der Zeit, da früher die Generäle ihren Truppen den Aufbruch vom Lager befahlen".[1]

Statt den Schutz des Reiches an Rhein und Donau zu gewährleisten, statt seinem Kaiser als Leibwache zu dienen, drückt sich Lateranus Tag und Nacht in verrufenen Kaschemmen herum – mal in den „Thermenspelunken" (*thermarum calices*), mal in den „geräumigen Schänken" (*magna popina*) der Garnisonsstadt Ostia: „Immer wieder zieht es ihn in die nachts stets offenen Kneipen" (*pervigiles popinae*).[2] In vielen hat er gleichsam Stammkunden-Status. Freudig eilt ihm der syrische Wirt entgegen, der vor seinem Lokal lauert, um Kundschaft anzulocken, begrüßt ihn devot als „Herrn und König" und geleitet ihn mit herzlichsten Worten des Willkommens in sein Wirtshaus. Dort nimmt ihn Cyanis, die Wirtsfrau, ebenso dienstbeflissen „mit der käuflichen Weinflasche" in Empfang.[3]

Der Kneipengänger Lateranus ist, mit traditionellen Oberschicht-Augen gesehen, ein doppeltes Ärgernis. Zum einen, weil ein pflichtbewusstes aristokratisches Dasein sich mit gewohnheitsmäßigem Müßiggang und Trink-Amüsement nicht verträgt. Zum anderen aber – und das wiegt im Zweifel schwerer –, weil das Wirtshaus als *locus inhonestus* galt, als „unanständiger Ort".[4] Im Schmuddel-Ambiente von *popinae* und *cauponae*, *tabernae vinariae* und *deversoria* hatten Männer von Stand nichts zu suchen. Der Umgang, den sie dort hatten, war alles andere als standesgemäß: Matrosen und entlaufene Sklaven, Diebe, Henker und Sargschreiner zählt Juvenal als abschreckende Ansammlung mehr oder minder lichtscheuen Gesindels auf.[5] Andere Quellen nennen Pferdeknechte und Maultiertreiber als typische Gäste von Wirtshäusern.[6] Auch Seneca deutet wenig ‚gesellschaftsfähiges' Publikum an, wenn er sagt: „Ebensowenig, wie ich unter Henkern wohnen möchte, möchte ich das in der Nachbarschaft von Kneipen." (Manfred Rosenbach übersetzt *popinae* hier kontextuell wohl zutreffend mit „Nachtlokalen".)[7]

Tavernen als Treffpunkte der kleinen Leute

Nimmt man diesen Urteilen die polemische Spitze, so bleibt das objektive Faktum, dass römische Wirtshäuser in der Tat ganz überwiegend von Angehörigen der unteren sozialen Schichten frequentiert wurden. Die Kriminalisierung dieses Publikums ist unangebracht; sie entspringt vor allem dem Unverständnis und der Abscheu der feinen Gesellschaft vor den sozialen Niederungen dieses Ambientes, mit dem man nichts zu tun haben wollte und durfte.

Es war tatsächlich in der Regel schlicht und volkstümlich, weil dort einfache Leute verkehrten. Viele von ihnen hatten keine andere Möglichkeit, geselliges Leben zu pflegen. Ihre winzigen Wohnungen erlaubten es nicht, Freunde oder Bekannte einzuladen. Ja, vielfach hatten sie nicht einmal Kochstellen, sodass den Bewohnern nichts übrig blieb, als sich warme Mahlzeiten in einer Imbissbude zu holen, die auch ein paar Sitzplätze für ‚Hausgäste' bot. Ein Kennzeichen sozialer Distinktion bestand darin, dass besser Gestellte eben nicht in der Öffentlichkeit essen und sich nicht in Kneipen, ‚Bars' oder

Wirtschaften treffen mussten, um ihre Freizeit, den Abend oder die Nacht in geselliger Runde zu verbringen. Da ward aus der Not der anderen schnell eine Untugend gemacht: Treffpunkte der kleinen Leute waren suspekt, weil ‚unter Niveau' – und weil die Kaufkraft der normalen Klientel gering war, waren auch ihre Treffpunkte alles andere als glamourös. Und die dort angebotene Unterhaltung bewegte sich auf einem Niveau, das Angehörigen der Oberschicht als Absolventen der Rhetorenschule als zu wenig intellektuell erscheinen mochte – jedenfalls in der Theorie erhoben die von ihnen ausgerichteten und besuchten Gastmähler und Trinkgelage einen höheren Anspruch.

Die gesellschaftliche Ächtung von *popinae* und *tabernae* als „ehrlose Örtlichkeiten" verhinderte, dass sich in der römischen Welt eine gehobene Gaststätten- und Restaurantkultur entwickeln konnte. Zwar gab es innerhalb der ‚plebejischen' Gastronomie durchaus erhebliche Unterschiede, aber ein oberes Segment konnte sich nicht etablieren, weil sich dessen Kunden selbst gesellschaftlich ausgegrenzt und desavouiert hätten. Feinschmeckerei und Tafelfreuden hatten es in dem von altväterlichen Moralisten geprägten geistigen Klima Roms schwer genug; sie indes zudem noch im öffentlichen Raum zu zelebrieren wäre als skandalöse Normverletzung sozial sanktioniert worden. Also blieb die feine Gesellschaft, wenn sie ‚feiern' wollte, in privaten Zirkeln unter sich – und tabuisierte allgemein zugängliche gastronomische Lokalitäten für ihre Angehörigen als unmoralische Plätze.

Faszination des plebejischen Milieus

Freilich übten solche quasi-verbotenen Orte auf manch einen doch eine bestimmte Faszination aus. Gerade in jungen Jahren fühlten sich auch Sprösslinge aus vornehmem Hause zu dieser Welt der Billig-Tavernen hingezogen. Sie hatte, wie wir noch sehen werden, durchaus Reize, auf die manch einer ansprach. Selbst Juvenal bringt dafür ein gewisses Verständnis auf: „Wir haben das in unserer Jugend doch auch gemacht", legt er einem „Verteidiger der Schuld" in den Mund – um freilich sofort darauf hinzuweisen, dass es mit solchen Ausflügen in die plebejische Halbwelt ein Ende haben müsse, sobald man erwachsen geworden sei: *breve sit, quod turpiter audes!* „Auf kurze Zeit sei beschränkt, was du schimpflich wagst!"[8]

Nicht alle folgten dem Ruf des Moralisten – unter ihnen sogar Kaiser wie Nero, Verus, Commodus, Elagabal und Gallienus, die sich meist im Schutze der Nacht und inkognito in den Vergnügungslokalen der Arbeiter, Handwerker und Kleinhändler tummelten und bei ihren Kneipentouren für manchen Krawall sorgten.[9] Eine besonders perfide Begründung für seine Ausflüge ins Nachtleben der syrischen Metropole Antiochia ließ sich der Mitkaiser („Caesar") Gallus (351– 354) einfallen: Er zog inkognito durch die Kneipen und Straßen und erkundigte sich bei Passanten, was sie vom Caesar hielten.[10]

Ob all die genannten Kaiser wirklich zum Kreis der Kneipenbesucher im plebejischen Milieu gehört haben, lässt sich allerdings nicht mit Sicherheit sagen. Es ist auffällig, wie sich diese Fama ausgerechnet mit den von der historischen Tradition als ‚böse' gezeichneten Despoten auf dem römischen Kaiserthron verbindet. Ihnen traute man alles zu, und das Detail von unschicklichen Wirtshausbesuchen rundete das bewusst undifferenziert gemalte Bild vom Tyrannen in der gewünschten Einseitigkeit ab.

Schon in der Republik gehörte der Vorwurf ‚Kneipengänger' zum Arsenal der Verunglimpfung politischer Gegner. *luxuria popinalis* – „der Luxus, sich in Spelunken herumzutreiben"[11] – war eine scharfe rhetorische Waffe, um Konkurrenten und Feinde auf der politischen Bühne moralisch zu desavouieren und sie als für die Gemeinschaft gefährliche Hazardeure abzustempeln. Cicero verstand sich bestens darauf. Zwei der führenden Catilinarier hätten zu der Verschwörung Zuflucht genommen, weil ihnen ihre Kneipenschulden (*aes alienum contractum in popina*) über den Kopf gewachsen seien, weiß er dem römischen Volk zu berichten.[12] Seinem ‚Lieblingsgegner' Marc Anton schleudert er in der 13. Philippica entgegen, er habe „sein ganzes Leben in Kneipen und Bordellen, bei Wein und Würfelspiel verplempert".[13] Über Lucius Piso schließlich schüttet er einen wahren Kübel von Beschimpfungsdreck aus, zu dem auch das genüsslich gezeichnete Bild vom verkaterten Säufer gehört, der noch am hellen Vormittag nach seinen nächtlichen Kaschemmenbesuchen stinkt.

Auch die literarische Invektive griff gern zur Verunglimpfungswaffe ‚Wirtshausbesuch'. In einer bitterbösen Satire stempelte der

> ## Opfer der Kneipe oder der Rhetorik?
> Weißt du noch, du Schmutzfink, wie du mich empfangen hast, als ich mit Gaius Piso etwa um die fünfte Stunde zu dir kam? Wie du aus irgendeinem Kabuff tratest, einen Wickel um den Kopf, in Pantoffeln, uns aus stinkendem Munde mit ekelhaftem Kneipendunst anhauchtest, um dich dann mit deinem Gesundheitszustand zu entschuldigen, indem du erklärtest, du pflegtest gewisse mit Wein versetzte Heilmittel zu nehmen? Wir ließen das gelten – was blieb uns auch anderes übrig? – und standen dann eine Weile in deinem Kaschemmenduft und -dunst, aus dem du uns schließlich durch unverschämte Antworten und ungeniertes Rülpsen vertriebst.
>
> Cicero, in Pisonem 13 (Ü: H. Kasten)

Grammatiker Lenaeus den Historiker Sallust zum *popino*, „Kneipengänger", ab. Wie wenig harmlos das gemeint war, lässt die von Lenaeus konstruierte ‚Tateinheit' mit *lastaurus*, *lurco* und *nebulo* erkennen: „Wüstling, Schlemmer, Nichtsnutz".[14] Manches deutet freilich darauf hin, dass sich der erst später zum moralisierenden Chronisten des römischen Sittenverfalls gereifte Sallust diese wenig schmeichelhaften Charakteristiken durch einen nicht besonders standesgemäßen Lebenswandel redlich verdient hatte.

Erheblich kultivierter ging es in dem mit spitzer Feder ausgetragenen Streit zwischen Kaiser Hadrian und dem Dichter Florus zu. Florus war offenbar ein Bonvivant, der ein ruhiges Leben in Muße und Genuss dem ruhelosen Lebensstil des Reisekaisers Hadrian vorzog. Er brachte das in einem Vierzeiler zum Ausdruck, den er an Hadrian schickte (der dritte Vers ist verloren):

„Möcht' durchaus nicht Caesar heißen,
nicht Britannien durchwandern ...
Skythenwinter nicht erdulden."

Der Kaiser revanchierte sich postwendend, indem er das ‚Lotterleben' des Dichters aufs Korn nahm:

„Wollte nicht der Florus heißen,
wandeln durch die Kutscherkneipen,
hocken in den Winkelküchen,
leiden von den runden Mücken."[15]

latitare per popinas – „sich im Dunkel der Kneipen aufhalten" – das war als Kritik deutlich genug, auch wenn es durch den Hinweis auf das in solchen Etablissements anzutreffende Ungeziefer humorvoll abgemildert war. Goethe hat sich übrigens anderthalb Jahrtausende später mutig auf die Seite seines Dichterkollegen geschlagen:

„Cäsarn wär' ich wohl nie zu fernen Britannern gefolgt,
Florus hätte mich leicht in die Popine geschleppt!
Denn mir bleiben weit mehr die Nebel des traurigen Nordens
als ein geschäftiges Volk südlicher Flöhe verhasst."[16]

In den Augen der römischen Oberschicht war die gesamte Gastronomie-‚Szene' als zivilisatorischer Sub-Standard suspekt. Möglicherweise erklären sich daraus die begrifflichen Unschärfen bei der Bezeichnung der verschiedenen Ess- und Trinklokale – in diesem Proletarier-Umfeld schien es auf sprachliche Differenzierung nicht so sehr anzukommen. Die Übersetzer tragen das Ihre zu der terminologischen Verwirrung bei: Die *tabernae* in Hadrians Spottepigramm auf Florus interpretiert der Übersetzer Wilhelm Weber als „Kutscherkneipen", die *popinae* als „Winkelküchen". Das sind Begriffe, die sich vom Kontext rechtfertigen lassen, zwingend sind sie freilich nicht.

„Nachtlokale", die auch am Tage offen sind

Die gleiche Offenheit gilt es zu wahren, wenn man in Übertragungen aus lateinischen Texten auf „Nachtlokale", „Nachtbars" oder „Bars" stößt. Das Lateinische kennt für solche Etablissements keine Spezialausdrücke, wohl aber lässt sich das grundsätzlich breite semantische Spektrum der allgemeinen Begriffe für „Gasthaus", ausgehend von einem konkreten Zusammenhang, manchmal so einengen. Falsch sind allerdings Assoziationen, die erst eine abendliche Öffnung des Lokals nahe legen. Was wir aus den Quellen über römische Gasthäuser erfahren, bezieht sich stets auf Tag- und Nachtbetrieb – was nicht ausschließt, dass sich der Charakter eines Lokals, sein Unterhaltungsangebot und die Klientel deutlich veränderten, wenn die Nacht hereinbrach.

Versuchen wir gleichwohl, ein wenig Ordnung in die chaotisch anmutende Terminologie zu bringen, so lässt sich zwischen *taberna* und *popina*, den beiden geläufigsten Begriffen, ein grundsätzlicher Unterschied feststellen, der freilich nicht immer beachtet wird. *taberna*, manchmal auch *taberna vinaria*, ist eher die Weinschänke, Kneipe, in der die Gäste vor allem Flüssiges zu sich nahmen. *popina* dagegen ist das Gasthaus, in das man auch zum Essen ging. Der Begriff „Restaurant" ist nur mit Vorsicht anzuwenden, weil er auf ein kulinarisches Niveau hindeutet, das die allermeisten *popinae* nicht erreichten. Die *caupona* war eine Schankwirtschaft, der Betreiber (*caupo, copo*; Femininum: *copa*) der „Wirt" der Schänke, in der vorwiegend Wein über den Ladentisch ging, hier und da aber auch Snacks im Angebot waren. Viele *tabernae*, *popinae* und *cauponae* boten auch außer-Haus-Service. Gerade die ärmere Bevölkerung, die z.T. nicht über eigene Kochstellen verfügte, war darauf angewiesen, sich hier ab und zu warme Kost zu erschwinglichen Preisen zu kaufen, die dann auf der Straße oder in der eigenen Wohnung verzehrt wurde. Insofern hatten nicht wenige Gasthäuser auch Imbissbuden-Charakter.

In der älteren Literatur – und vor allem an Ausgrabungsstätten wie Pompeji und Ostia – werden solche Imbissstuben als *thermopolia* bezeichnet („Warmverkauf"). Das ist eine eher unglückliche Bezeichnung, da der griechische Begriff nur ein paar Mal bei Plautus belegt ist. Es spricht einiges dafür, dass die Einwohner Pompejis im 1. Jahrhundert unwissend mit den Schultern gezuckt hätten, wenn ein Fremder sie nach dem nächstgelegenen *thermopolium* gefragt hätte. Auf *caupona* oder *popina* hätten sie spontan und wissend reagiert – und hätten einen nicht besonders weiten Weg gewiesen. Denn im Stadtgebiet sind mehr als hundert Gaststätten lokalisiert worden, relativ regelmäßig über die Viertel verteilt mit Ausnahme vornehmer Villengegenden: Dort war der Bedarf sowohl an *fast food* im *take-away*-Verfahren geringer als auch die Neigung deutlich weniger ausgeprägt, seine Mahlzeiten oder seinen Wein in einer schlichten Gaststätte zu sich zu nehmen.

Weitere Bezeichnungen für gastronomische Stätten gehören eher dem Hotel- oder besser Herbergs-Bereich an. Beherbergungsbetriebe, die ihren Gästen sinnvollerweise auch Mahlzeiten und Getränke servierten, hießen *hospitia* („Gast-Häuser", „Plätze der Gastlichkeit"), *deversoria* („Absteige-Quartiere", von *deverti*, „einkehren", „Aufenthalt nehmen") oder *stabula* (ursprünglich: „Stallungen", wo man die Reit-

3 Ausschank (thermopolium) der Aselline in der Via dell'Abbondanza

und Zugtiere unterstellen konnte). Alle diese Herbergen boten wenig Komfort und wurden von wohlhabenden Reisenden nur genutzt, wenn es sich gar nicht vermeiden ließ und man weit und breit keinen Gastfreund hatte, der einen privat aufnahm. Selbst in der Hauptstadt Rom kamen die meisten *deversoria* über den Standard von Ein-Sterne-Hotels nicht hinaus. Rhodische Gesandte führten im Jahre 167 v. Chr. Klage über ihre „schmutzige Absteige" und den „Dreck", den man ihnen dort zugemutet habe.[17]

Logos und Lampen weisen den Weg zu Herbergen

Im Unterschied zu ihren Gästen dachten die Betreiber mit Freude an ihre Herbergen. Das Geschäft mit den Übernachtungen war vor allem an den großen Verkehrsadern des Reiches so lukrativ, dass Großgrundbesitzer in diese Branche investierten und Billighotels auf ihren Besitzungen bauen ließen.[18] Gute Verdienstmöglichkeiten bot auch die gastronomische Versorgung der Hotelgäste. Hotels verfügten daher in aller Regel über eine Gaststube, in der Speisen und Wein gereicht und vielfach auch Unterhaltung geboten wurden, wie die Gäste sie von ihren eigenen Stammkneipen her kannten.

4 Spielbrett als Speisekarte: „Wir haben im Speiseangebot: Hühnchen, Fisch, Schinken, Brot"

Wie fand man ein Wirtshaus? Mit Schildern und großflächig auf die Hauswand gemalten Anzeigen sowie eingängigen ‚Logos' („Zum Elefanten"; „Zum Hahn") warben die Wirte für ihre Herbergen und Gasthäuser. Die einfache Version war der Hinweis etwa auf „das *hospitium* des Gaius Hyginus Firmus".[19] Ein anderer Besitzer wies auf ein dem Hotel angeschlossenes *triclinium cum tribus lectis et commodis omnibus* hin, „ein Speisezimmer mit drei Ruhebetten und allem Komfort".[20] Angesichts des schlechten Rufes von Wirten, denen man alle Betrügereien zutraute, konnte es hilfreich sein, Gäste durch Hinweis auf eine reguläre Preistafel, d. h. eine transparente Preisgestaltung, ins Gasthaus zu locken: „Hör zu, Wanderer, tritt ein, wenn's beliebt; drinnen ist eine eherne Tafel, die dich über alles informiert!"[21]

Auftanken im Gasthaus Mercur und Apollo

Hier verspricht dir Mercur Gewinn, Apollo Gesundheit. Septumanus hält für dich Speise und Lager bereit. Wer hierhin gekommen ist, dem wird es nachher besser gehen. Achte darauf, wo du absteigst, Fremder!

Inschrift; Corpus Inscriptionum Latinarum XII 2031

Die schönste Werbepoesie stammt vom Gasthaus des Mercur und Apollo in Lyon: Es verspricht dem einkehrenden Gast einen Aufenthalt ohne Reue. Zweifellos zielten die Wirte mit solchen Werbemaßnahmen nicht nur auf auswärtige Übernachtungsgäste, sondern auch auf heimische Kneipengänger ab – erst recht, wenn ein verführerischer Weinkrug am Pfeiler vor dem Hause hing und zum Pokulieren einlud.[22] Nachts brannten Lampen vor der Wirtshaustür und wiesen den Weg zum Wohlsein.

Die schöne Frau Wirtin lädt ein

Die schriftliche Einladung zur Einkehr war das eine, die etwas massivere durch die körperliche Präsenz des Wirts oder der Wirtin vor der Gasthaustür das andere. Es scheint so etwas wie eine mediterrane Konstante in der Technik zu geben, potenzielle Gäste durch persönliche Ansprache zum Besuch des Lokals zu bewegen, die nur teutonischer Mentalität als aufdringlich erscheint. Jedenfalls war es auch in der römischen Antike üblich, Passanten anzusprechen und per Direktwerbung in die *taberna* zu lotsen. Diese Normalität glaubte Nero nobilitieren zu können, indem er bei seinen Urlaubsausflügen am Golf von Baiae oder bei Schifffahrten nach Ostia an den Küsten und Ufern in regelmäßigen Abständen Schankbuden aufstellen ließ, „wo vornehme Damen als Wirtinnen Dienst taten und ihn bald hier, bald dort zum Landen aufforderten" (*hortantium*).[23]

Wie dieses *hortari* konkret vonstatten ging, darüber informiert uns ein selten anschauliches, trotz der poetischen Gestaltung ganz authentisch wirkendes Quellendokument. Die Rede ist von der unter Vergils Namen überlieferten *Copa* („Die Schankwirtin"). Ein Genrebild von knapp 40 Versen, in dessen Zentrum eine geschäftstüchtige syrische Tavernenbetreiberin steht. Anmutig zu Kastagnettenrhythmen vor ihrem Lokal tanzend, umgarnt sie die Passanten mit der Aussicht auf erquickende Ruhestunden in ihrer *caupona*. Es ist Mittagszeit, die Sonne scheint unbarmherzig vom Himmel. Wie verlockend ist da die Vorstellung auf frisch vom Schlauch gezapften Landwein, ein schattiges Plätzchen im Inneren der Taverne mit dem Blick auf einen ganz in der Nähe vorbeiplätschernden Bach! Angenehm kühl ist es drinnen, Becher und Blumenkränze warten geradezu sehnsüchtig auf den erschöpften Gast, Flöten- und Lyramusik werden ihn ebenso verwöhnen wie bescheidene, aber wohlschmeckende Speisen: Käse und Brot, Kastanien und Pflaumen, Äpfel, Trauben und Gurken.

Oder steht dir der Sinn nach aktiver Unterhaltung? Kein Problem: Würfel liegen bereit und auch ein williges Mädchen ist da, „von dessen blühenden Lippen du den Kuss nippen kannst". Und sicherlich auch mehr; denn „es winken dir Ceres, Amor und Bacchus". Oder willst du dir ein Räuschchen antrinken? Wähle zwischen dem schlichten Mischkrug oder dem Kelch aus edel geschliffenem Kristall! Auch der Schlaf danach ist gesichert: „Dehne deine Glieder im Schatten des Weinlaubs, mit Rosengewinde kränze das trunkene Haupt!"[24]

Wer könnte dieser Einladung der schönen Syrerin widerstehen, wer könnte ihre abschließende Mahnung, das Leben auf diese Weise zu genießen, bevor „der Tod ihn am Ohr zupft", ignorieren?![25] Wem ein so ansprechendes Ambiente inmitten von Blumen und Früchten, Schalmeienklang und sinnlichen Genüssen winkt, der lässt sich nur zu gern für ein paar Stunden in dieses gastronomische Elysium entführen.

Und zwar mittags und abends! Auch wenn die Glut des Tages verloschen ist, hält das behagliche Gasthaus seine Annehmlichkeiten bereit. Ceres, Amor und Bacchus sind nicht nur Götter des hellen Tageslichts. Im Gegenteil. Zumindest Amor und Bacchus galten der Antike als das göttliche ‚Traumpaar' einer erfüllten Nacht.[26] Und selbst Ceres ist eine wichtige Dritte im Bunde: *Sine Cerere et Libero friget Venus*, weiß Terenz, und die Nachwelt hat es durch die Adelung des Verses zum Sprichwort bestätigt: „Ohne Ceres und Bacchus friert Venus."[27]

„Schmierige Sitzkneipen"

Einen Schönheitsfehler hatte die Wirtshaus-Werbepoesie à la Copa: Sie kollidierte in aller Regel heftig mit der deutlich weniger idyllischen Kneipen-Realität. Ganz wenige Lokale dürften die Erwartungen erfüllt haben, die die vollmundigen Werbebotschaften weckten – jedenfalls, was ihr Ambiente, ihre Lage und ihre Einrichtung anging.

Andere Quellen berichten übereinstimmend, dass römische Gaststätten eher den fragwürdigen Charme düsterer Eckkneipen verströmten. Schon bei Tage konnte man sich gut darin verstecken.[28] Nachts waren sie sicher noch düsterer als die wegen der blakenden, rußenden Öllampen und Kerzen bescheiden beleuchteten Speiseräume in den Villen der Reichen. In Esslokalen hing fetter Bratengeruch in der Luft – nach der *uncta popina*, der „schmierigen Kneipe", sehnt sich Horaz zufolge der aufs Land versetzte Sklave zurück.[29] Der Raum war verräuchert[30], die Ausdünstungen der in Töpfen dampfenden roten Würste und klappernder Schüsseln brachte Empfindliche dazu, sich die Nase zuzuhalten.[31] Ungeziefer kroch in den Polstern der Stühle herum – zumindest im Sommer; denn Plinius spricht von den „Sommertierchen der Kneipen" (*cauponarum aestiva animalia*).[32] Man fühlt sich an die Wanzen in Hadrians Florus-Epigramm erinnert.[33] Besonders hygienisch ging es in den Wirtshäusern auch sonst nicht zu[34] und von großzügig geschnittenen Räumlichkeiten konnte auch nicht die Rede sein.[35] Von der modernen Vorstellung der Spelunke – in der ursprünglichen Bedeutung eine „dunkle Höhle", „Grotte" – war die normale *taberna* wohl nicht weit entfernt.

Der archäologische Befund bestätigt die literarischen Beschreibungen weitgehend. Die Ausstattung war schlicht. Sie bestand aus einem gemauerten, nicht selten mit Travertinplatten verkleideten ‚Bartresen' mit Öffnungen für Wein-, Wasser- und Ölamphoren. Von diesen Tresen aus konnte vielfach auch Laufkundschaft bedient werden, die Getränke und Speisen zum Mitnehmen erwarb. Auf Regalen standen Gläser und Krüge. Lebensmittel wie geräucherte Wurstwaren hingen oft an der Decke. *popinae* hatten mindestens einen Ofen, auf dem warme Gerichte gekocht werden konnten. Im Wirtsraum stan-

Auch eine Leistung ...

Die über ihn kürzlich von seinem Patron ausgeschütteten
vollen zehn Millionen, Maximus, hat Syriscus
in Garküchen, wo man auf Stühlen sitzt, herum bummelnd,
im Umkreis von vier Thermen durchgebracht.
Wie groß muss ein Schlund sein, um zehn Millionen zu verfressen!
Wie viel größer noch, dabei nicht einmal zu Tisch zu liegen!

Martial, Epigramme V 70 (Ü: P. Barié)

5 *Taverne mit Tresen auch für den Außenverkauf, Herculaneum*

den ein paar Tische und Bänke; ebenso in dem häufig vorhandenen Hinterzimmer, das auch für Amüsements zur Verfügung stand, die erheblich zum schlechten Ruf der Branche beitrugen: Illegales Glücksspiel und Wirtshausprostitution.

Man sieht: Das war kein Ambiente, in dem Angehörige der Oberschicht sich wohl fühlen konnten. Den Komfort, der zu ihrem Lebensstil gehörte, boten die Kneipen nicht, von Luxus ganz zu schweigen. Allerdings galt auch die umgekehrte Schlussfolgerung: Weil die ‚feine' Gesellschaft dieses Ambiente mied, konnte sich keine Gaststätten-Kultur entwickeln, die ihren Ansprüchen (und dem damit verbundenen Investitionsvolumen) entsprach.

Wie armselig und abschreckend sich die Einrichtung vieler Tavernen für Wohlhabende darstellen musste, zeigt allein schon die Tatsache, dass man dort beim Essen und Trinken *saß* – und nicht lag, wie es sich gehörte. Ein pompejanisches Fresko zeigt eben diese Situation. Rings um einen Tisch sitzen vier Gäste. Ihre Kleidung weist sie als einfache Leute aus. An der Decke hängen Würste und andere Nahrungsmittel. Ein – kleiner gezeichneter – junger Kellner sorgt für Wein-Nachschub. Was auf den heutigen Betrachter ebenso normal und keineswegs unkultiviert wirkt – lange gemauerte Bänke, die sich in Wirtshäusern in Pompeji und Ostia finden –, machte auf den vornehmen Römer einen geradezu degoutanten Eindruck: Eine *popina*

6 Gäste, die in einer schlichten ‚Sitztaverne' Wein trinken; Zeichnung nach einem pompejanischen Fresko

sellariola, „Sitzkneipe" – das war von seinem Empfinden her so etwas wie heutzutage die „Stehkneipe" (obwohl die eher weniger Unlustgefühle auslösen dürfte ...).

Die ‚gehobene' Wirtshaus-Kategorie konnte ihren Gästen zumindest Liegeplätze bieten – und zwar nicht nur für den amourösen Teil des Kneipenbesuchs. Pseudo-Vergils *Copa* lädt ebenso zum „Liegen" ein, wie das von Juvenal wenig schmeichelhaft beschriebene Lokale tun – immerhin![36] Standard war das aber eher nicht. Ironische Anerkennung daher für den, der ein Millionenvermögen in Kneipen durchbringt – und das im Sitzen!

Alltags-Refugium ohne Sperrstunde

Mochten die Gasthäuser auch den Ansprüchen der Oberschicht nicht genügen, der Stimmung unter den Kneipengästen tat das keinen Abbruch. Für die meisten von ihnen war die *caupona* trotz allem ein Refugium, in dem sie einen Teil ihrer Freizeit verbrachten. Freizeit – sie begann für das Gros der Stammgäste nicht vor dem späten Nachmittag. Ausgedehnte Wirtshausbesuche dürften deshalb eher in die Abend- und Nachtzeit gefallen sein; für kurze ‚Stippvisiten', um rasch ein Häppchen zu essen oder einen Becher Wein zu trinken, waren die Lokale auch tagsüber geöffnet.

Über Öffnungszeiten schweigen die Quellen weitgehend. Vermutlich hat es keinerlei Restriktionen gegeben, auch keine nächtliche Sperrstunde. Erst der zwischen 371 und 372 amtierende Stadtpräfekt Ampelius machte dieser liberalen Praxis ein Ende, indem er per Verfügung verbot, *tabernae* vor der vierten Stunde, also gegen 10 Uhr morgens, zu öffnen.[37] Der Betrieb der Schänken und Esslokale bis in die Nacht ist gut bezeugt.[38] Im 4. Jahrhundert übernachteten Obdachlose sogar in Kneipen.[39] Gaststätten, die zu einem Beherbergungsbetrieb gehörten, werden erst recht abends stärker frequentiert worden sein, wenn die Reisenden sich eine Unterkunft für die Nacht suchten. Dass sie daneben auch auf ‚Siesta-Kundschaft' eingestellt waren, macht die *Copa* deutlich.

Was zog die einfachen Leute – überwiegend die Männer – in die Gaststätten, was machte deren Attraktivität aus? Vor allem eine Geselligkeit, die ihre beengten Wohnverhältnisse im Privaten nicht zuließen. Man erzählte einander Neuigkeiten – die Kneipe war eine noch effektivere Klatschbörse als der Friseur[40] – und zechte kräftig miteinander. Der Wein war billig – jedenfalls der normale Hauswein; wer besser bei Kasse war, konnte gegen gehörigen Aufpreis höhere Qualität bestellen.

Allerdings musste man den Wirten beim Ausschänken auf die Finger sehen. Sie standen unter dem Generalverdacht des Schankbetruges. Der lag nahe, weil der Wein in der Antike fast immer mit Wasser verdünnt wurde. Jedes Verdünnungsverhältnis über das Normalmaß hinaus bedeutete für den Wirt einen finanziellen Vorteil. Viele gaben dieser Versuchung offenbar nach. Der Hobby-Astrologe Trimalchio ist sich sicher: Gastwirte kommen im Sternzeichen des Wassermanns zur Welt.[41] Und ein spätantikes Wörterbuch definiert den *caupo* („Gastwirt") schlicht als „jemanden, der Wein mit Wasser mischt".[42] Für Horaz sind Wirte pauschal als „betrügerisch" und „böswillig" verdächtig, Martial bescheinigt ihnen eine wenig schmeichelhafte

Die Wirtin Hedone lädt ein – auch mit ihrem Namen („Genuss")

Schöne Hedone, gut ergehe es dem, der dies liest. Hedone gibt bekannt: Hier trinkt man für einen As. Bezahlst du zwei Asse, so wirst du bessere Weine trinken, gibst du vier Asse, bekommst du Falernerwein zu trinken. Inschrift; Corpus Inscriptionum Latinarum IV 1679

„Cleverness" (*callidus copo*). In einem pompejanischen Graffito macht ein Gast seinem Unmut über die dreiste Panscherei Luft: „Wenn dich doch deine Betrügereien zu Fall brächten, Wirt: Du verkaufst Wasser und trinkst Wein!"[43]

Andere Gasthaus-Graffiti zeigen, dass sich die Zecher die gute Laune dadurch nicht verderben ließen. „Gib noch ein bisschen kaltes Wasser!", fordert einer den Wirt sogar seinerseits zum Verdünnen auf. „Gieß einen Becher Setiner nach!", verlangt ein anderer mit etwas unkonventioneller Bestellmethode per Wand. „Suavis dürstet nach Weinkrügen. Ich bitte euch; es dürstet ihn sehr!", drängt ein Dritter. Ähnlich bekennen zwei Freunde: „Dies schrieb Epaphra, und Elea hat's vollendet – beide mit großem Durst."

Ein Liberius Venustus konnte seinen Spitznamen auf der Kneipenwand lesen: Durch Änderung des L in B wurde aus ihm der „Säufer" (Biberius von *bibere*, „trinken") Venustus. Den originellsten Spruch hat ein erfahrener Trinker in geradezu zeitloser Einsicht auf eine Mauer gekritzelt: *Si quisquis bibit, cetera turba est*, „wenn einer trinkt, ist ihm alles andere wurscht". Andere Kneipengänger grüßen nach erfolgreicher Zechtour: *avete, utres sumus!* „Seid gegrüßt! Wir sind (voll wie die) Schläuche!"[44]

Auch in der Provinz reichte das Latein der ins Römische Reich aufgenommenen und damit auch in die römische Kneipenkultur eingeführten Germanen allemal aus, den Wirt zum Einschenken aufzufordern. Und das sogar in der erstaunlich kultivierten Form der so genannten Spruchbecher. Es handelt sich dabei um Keramik, die auf schwarzem Firnis weiß gemalte Ornamente und freundlich-animierende Aufschriften trägt. Offenbar eine rheinische Spezialität – die reichsten Sammlungen solcher Spruchbecher sind in den Museen in

Trier und Köln zu Hause. „Füll Wein ein, Wirt!" (imple, copo, vinum!), heißt es da; oder reple me, copo, mero!, „fülle mich, Wirt, mit unvermischtem Wein auf!" – in römischen Augen ein ungewöhnliches Bekenntnis zu barbarischem ‚Saufen'.[45] Maßvoller dagegen ein „Immer noch Durst!" (adhuc sitio); abgeklärt die schöne Erkenntnis vinum vires, „Wein gibt Kraft". Andere Becher wenden sich an die Kneipenbesucher: „Trink!" oder „Trinkt", mahnen sie, „sei fröhlich!", „genieß mich!", „zum Wohl!" (bene te) und gaudiamus felices, „lasst uns Spaß haben und glücklich sein!"[46]

Kein Zweifel, dass sich das Kneipenpublikum von solchen Sprüchen, vor allem aber durch die Gabe des Bacchus selbst, zur Lebenslust inspirieren ließ. Mochten die Herren von Stand die Nase rümpfen, auch und gerade Kneipenseligkeit war ein Lichtblick in dem an Höhepunkten armen Plebejerleben. Und die feinen Leute verzogen das Gesicht, wenn es sie einmal in eine der „feucht-fröhlichen Tavernen" (madidae tabernae)[47] verschlug und sie sich die „heiseren Gesänge" der weinseligen Wirtshausgäste anhören mussten.[48] Besonderes Niveau wird man diesen Gesängen sicher nicht attestieren können (den bei ‚vornehmen' Gastmählern und Trinkgelagen nach einigen Bechern Wein angestimmten freilich ebenso wenig). ‚Ausdrucksstarkes' Singen und Grölen gehörten zur Wirtshausatmosphäre genauso wie raue Umgangsformen und eine derbe Sprache. Der von keinen Berührungsängsten geplagte Kaiser Vitellius mischte sich auf Reisen gern in Herbergen und Kneipen unter das einfache Volk, er-

7 Trierer Weinbecher. Von der Aufschrift ist parce aq(uam; sic!) zu erkennen, „geh schonend mit dem Wasser um!"

kundigte sich morgens, ob seine Mitgäste schon gefrühstückt hätten, und bekundete durch ein kräftiges Rülpsen, dass er das seinerseits schon getan hatte[49] – Volksnähe dank Volkes Manieren.

Wirtshaus-Latein

Ausflüge in die Sexual- und Fäkalsprache gehörten ebenfalls zum ‚bodenständigen' Umgangston im Kneipenmilieu. Zwei Graffiti-‚Originaltöne' mögen das belegen: „Wenn mir einer sagt: ‚Steh auf zum Vögeln!', dann steh ich auf, falls es Grund dafür gibt, wenn nicht, trink ich weiter."[50] Wir kennen die Situation nicht, die dieser der Wand anvertrauten Botschaft zugrunde liegt, aber wir können sie uns unschwer ausmalen – zumal in einem Milieu, das der Prostitution, freundlich formuliert, nicht abgeneigt war. Ganz unmissverständlich ein anderes Graffito, durch das der Schreiber kundtut, er „habe die Wirtin gevögelt" (futui coponam) – ein vulgäres Bekenntnis, das auch in der germanischen Provinz sein Pendant findet in einem auf ein Gefäß gekritzelten futui ospita(m), „ich habe es mit der Gastgeberin getrieben".[51]

Niveauvoller, wenngleich nicht unbedingt appetitlicher ging es in der „Taverne der Sieben Weisen" in Ostia zu. Dort waren es nicht Gäste, die in ausgelassener Stimmung die Wände bekritzelt hatten. Der Wirt selbst hatte Malereien in Auftrag gegeben, die berühmte griechische Philosophen zeigten. So weit, so unspezifisch für die normale Kneipe. Das Thema des ‚philosophischen' Diskurses verrät indes einen herben maskulinen Humor, der zum Wirtshausmilieu passt: es geht um den Stuhlgang. Genauer gesagt: ‚philosophisch' geadelte Ratschläge für denselben. „Um gut zu kacken, streichelte Solon seinen Bauch." – „Die hart Kackenden mahnte Thales, feste zu drücken." – „Kack gut und scheiß auf die Ärzte." An der Decke des Raumes waren Weinflaschen gemalt, von denen eine der Beischrift zufolge Falerner enthielt, den teuersten Wein der römischen Welt. Zusammen mit den philosophisch überhöhten Stuhlgang-Rezepten für manche Wissenschaftler ein entscheidendes Indiz, um diese caupona vinaria als einen Treffpunkt für die höheren Stände zu interpretieren: „Keine Kneipe für alle", vermutete der italienische Archäologe

8 Wandmalerei aus der „Taverne der Sieben Weisen" in Ostia; im Zentrum die Gestalt des Spartaners Ch(e)ilon

Giorgio Calza, „sondern exklusiv und besucht von den Bohemiens der Zeit."[52]

Ob Bohemiens oder nicht, die Wandmalereien der Taverne und ihre Beischriften dürften spätestens nach ein paar Bechern Wein zu einem schier unerschöpflichen Gesprächsgegenstand avanciert sein – auch eine Form der Kundenbindung, um die Gäste möglichst lange in den Nachmittag (die „Taverne der Sieben Weisen" gehörte zu einem Thermenkomplex) oder in die Nacht hinein im Wirtshaus zu halten.

„Wein, Weiber, Würfel"

Eine andere Form typischen Kneipenamüsements war Musik – Flöte, Lyra, Tamburin und Kastagnetten waren Instrumente, auf die sich manche Bedienungen, aber auch Wirtsleute verstanden. Ab und zu boten sie außerdem Tanzeinlagen.[53]

Manches Hinterzimmer einer Kneipe war eine schlecht getarnte ‚Spielhölle' – schlecht getarnt deshalb, weil man allgemein davon ausging, dass in Gasthäusern nicht nur legales, sondern auch verbotenes Glücksspiel um Geld stattfand.[54] Näheres dazu findet sich im Kapitel *alea* – Wenn der Würfelbecher die Nacht regiert. Dass Weingenuss, stimulierende Musik und Würfelspiel[55] sich zu einer brisanten Mischung verbinden konnten, die Streitereien und Wirtshausschlägereien im Gefolge hatte, ist bekanntlich kein auf die Antike beschränktes Phänomen. Wir hören in den Quellen ab und zu davon, dass „in einer versteckten Kneipe hässlicher Streit lärmte"[56] – und derlei Geschehen trug sicher nicht zum besseren Ruf der *cauponae* bei. Andererseits deutet nichts auf häufige ‚Randale' und entsprechend intensive Polizeikontrollen oder -einsätze hin. Die Kneipenklientel der kleinen Leute scheint im Ganzen friedlicher gewesen zu sein als jene jugendlichen *grassatores* aus vornehmem Hause, die bei ihren nächtlichen Sauftouren die Straßen unsicher machten.[57]

Aus Sicht der Gasthausbesucher ein weiteres attraktives Unterhaltungsangebot, aus Sicht von Moralisten aller Couleur ein weiterer Grund, um *cauponae*, *tabernae* und *popinae* einen weiten Bogen zu machen, war die Zugehörigkeit vieler – vielleicht sogar der meisten – Etablissements zum ‚Rotlicht-Milieu'. Wirtinnen und ihre weiblichen

---

Musik und Tanz und mehr

Syriens Schenkin, geübt, nach dem Takte der Rohrkastagnette
zierlich und schmuck sich zu drehn,
griechische Bänder im Haar,
tanzt vom Becher erhitzt an dem Tor der geschwärzten Taberne,
während sie über dem Haupt rasselnd die Klappern bewegt.

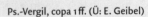

Ps.-Vergil, copa 1 ff. (Ü: E. Geibel)

9 Tänzerin; pompejanisches Fresko

Bediensteten standen unter dem Generalverdacht der gewerbsmäßigen Prostitution. „Viele pflegen unter dem Vorwand, eine Schankwirtschaft zu betreiben, Frauen zu beschäftigen, die sich prostituieren", stellt der Rechtsgelehrte Ulpian lapidar fest und wertet damit die allgemeine Einschätzung des Gewerbes zur Rechtsnorm auf.[58] Der Gesetzgeber honorierte das mit einem juristischen Freifahrtschein für

Rivalenkampf per Graffiti um eine (nicht käufliche?) Kellnerin

Der Weber Successus liebt Iris, die Sklavin der Schankwirtin. Die aber macht sich nichts aus ihm. Trotzdem bittet er sie, sie solle sich seiner erbarmen. Das schreibt sein Rivale. Leb wohl!
(von 2. Hand:) Neidhammel du, weil du platzt! Hör auf einem nachzustellen, der schöner ist als du ...
(darunter von 1. Hand:) Ich hab's gesagt, ich hab's geschrieben. Du liebst Iris, die sich nichts aus dir macht.

Inschrift; Corpus Inscriptionum Latinarum IV 8258 f.

die Kunden: Sexuelle Beziehungen zu diesen „lockeren Frauenzimmern" galten nicht als Ehebruch.[59]

Die – nicht nur gedanklich – enge Verbindung zwischen ‚Kneipe', ‚Herberge' und ‚Bordell' wird an anderer Stelle ausführlich behandelt.[60] Hier mag der Hinweis auf diese ‚Selbstverständlichkeit' genügen, um erneut zu dokumentieren, wieso jedes Lokal in der bürgerlichen Welt als „verrufener Ort" galt[61], viele Nachtschwärmer (und auch „Tageslicht-Gäste") sich aber von der *salax taberna*, dem „aufreizenden", „aufgeilenden" Wirtshaus, angezogen fühlten.[62] Die Kombination „Wein, Weiber und Würfel" – so die alliterierende Zusammenstellung der Kneipen-Vergnügen in einer fast hundert Jahre alten Darstellung[63] – verfehlte ihren Reiz nicht.

Wo selbst des Gesetzgebers langer Arm zu kurz ist

Andererseits entging das „aufreizende Wirthshaus" auch nicht der Aufmerksamkeit eines römischen Gesetzgebers, der sich von dieser übel beleumundeten ‚Szene' in seinem moralischen Impetus gefordert sah. Den Kneipen-‚Sumpf' gänzlich trocken zu legen – das erschien unrealistisch, zumal viele Menschen auf die Angebote der Garküchen angewiesen waren, wenn sie eine warme Mahlzeit zu sich nehmen wollten. Daher setzten die Restriktionen anderswo an: bei einer gesetzlich verordneten Verknappung und Reduktion der Imbiss-Palette.

Kaiser Tiberius verbot den Verkauf von Brot und Gebäck[64], Claudius ging noch radikaler ans Werk. „Er ließ die Schankwirtschaften schließen", berichtet ein Chronist, „wo die Leute zusammenzukommen und zu trinken pflegten, und befahl außerdem, dass weder gekochtes Fleisch noch heißes Wasser verkauft werden dürfe."[65] Auch wenn er einige Leute, die sich nicht daran hielten, bestrafen ließ, hatte die rigide Maßnahme keinen Bestand. Schon sein Nachfolger Nero sah sich genötigt, erneut legislativ einzugreifen und den Verkauf aller gekochten Speisen außer Hülsenfrüchten und Gemüse „in jenen *popinae* zu verbieten, wo man vorher jede Mahlzeit hatte erhalten können".[66] Mit anderen Worten: Das Totalverbot des Claudius war ein kompletter Fehlschlag gewesen. Aber auch Neros Initiative scheiterte offensichtlich. Schon wenige Jahre später wärmte Vespasian Neros

Verbot wieder auf, indem er alles Gekochte außer Erbsensuppe und Gemüse aus den Gasthäusern verbannte – und das, „obwohl er sein Leben lang selbst ein Kneipendasein führte".⁶⁷

Mit Vespasian endet die Geschichte einer restriktiven Gaststättengesetzgebung. Sie war, wie die zahlreichen legislatorischen Neuauflagen zeigen, eine Geschichte des Scheiterns – ähnlich wie die der Anti-Luxusgesetzgebung, die ebenso vergeblich eine Kostendämpfung im Hochpreis-Segment der Ernährung erreichen wollte. Ob freilich beiden Kampagnen vergleichbare moralische Intentionen zugrunde lagen, wie manche Historiker andeuten⁶⁸, ist zweifelhaft.

Wenn ausgerechnet die ersten römischen Kaiser den Speiselokalund Garküchen-Inhabern und ihren Kunden das Leben so schwer machen wollten, dann darf man dahinter auch politische Gründe vermuten. Galten Kneipen als Orte, an denen sich Widerstand gegen das Kaisertum formieren, Unzufriedene sich ‚zusammenrotten' konnten? Von dem, was wir sonst über oppositionelle Strömungen wissen, spricht wenig dafür. Die alte senatorische Führungsschicht, die durch die neue Staatsform entmachtet worden war, pflegte ja bekanntlich in den „verräucherten, miefigen Kneipen"⁶⁹ der Plebejer nicht zu verkehren – jedenfalls nicht offiziell oder in größeren Gruppen. Hinterund Beweggründe der kaiserlichen ‚Kneipenverordnungen' bleiben damit im Dunkeln.

Nicht so dagegen die Motive, aus denen die christlichen Kirchenväter vor den Gefahren des Wirtshauses warnten: „Weiche dem ganzen Elend des Wirtshauses aus!", mahnt Kyrillos, Erzbischof von Jerusalem, seine Gemeinde.⁷⁰ Und die Synoden des 4. Jahrhunderts wussten sehr wohl, warum sie Klerikern den Besuch von Lokalen aller Art untersagten – es sei denn im Notfall auf Reisen und nach Rücksprache mit dem örtlichen Pfarrer.⁷¹ In diesem unmoralischen Milieu hätten Christen nichts zu suchen, meinten sie – und übersahen geflissentlich die Tatsache, dass die heilige Helena, die Mutter Konstantins des Großen, in eben diesem Milieu als Gastwirtin gearbeitet hatte, bevor der Vater des großen Christen-Förderers sie zu seiner Konkubine gemacht hatte.⁷²

Ob bürgerliche, kaiserliche oder christliche ‚Milieu-Kritik' – den harten Kern der Kneipenbesucher ließ sie unbeeindruckt. Zu diesem harten Kern gehörte in Pompeji ein ‚Club', der auf den schönen Namen *seribibi* hörte, „Spättrinker", „Nachtschwärmer". Wir kennen ihn nur aus einem Wahlaufruf. In groß gemalten Lettern wird auf einer Hauswand dazu aufgerufen, einen gewissen Marcus Cerrinius zum Aedilen zu wählen. Darum „bitten jedenfalls alle Spättrinker".[73]

Ob das die Wahlchancen des Kandidaten verbessert hat?[74]

alea – Wenn der Würfelbecher die Nacht regiert

Bekenntnisse eines Spielers

„Ich habe mit denselben Menschen gespeist, mein lieber Tiberius, dazu gesellten sich noch Vinicius und der ältere Silius. Beim Essen spielten wir nach Altherrenart, gestern und heute: Wir würfelten, und jedes Mal, wenn einer den Hund oder einen Sechser warf, musste er für jeden Würfel einen Denar in die Mitte legen, die dann der wegnehmen durfte, der einen Venuswurf hatte."[1]

Eine harmlos-gemütliche Runde älterer Herren, die sich beim ausgedehnten Dinieren die Zeit zwischen den Gängen mit einem Spielchen vertrieben – so hat es den Anschein und die Assoziation zur Skatrunde liegt nahe. Was so unverdächtig im lockeren Erzählton daherkommt, hätte indes vor Gericht nicht nur für eine Anklage, sondern auch für eine sichere Verurteilung gereicht: Aus juristischer Sicht ist dieses Schreiben als Geständnis zu werten, dass der Absender und seine traute Altherrenrunde sich des illegalen Glücksspiels strafbar gemacht haben. Nicht das Würfelspiel an sich war verboten, wohl aber das Glücksspiel um Geld. Und das war bei dieser Runde reichlich im Spiel: Jeder Denar, der als Einsatz auf den Tisch gelegt wurde, entsprach dem durchschnittlichen Tagesverdienst eines Lohnarbeiters.[2]

Auf mildernde Umstände hätte unser geständiger Spieler nicht rechnen dürfen. Denn was er da zu abendlicher Stunde trieb, war kein einmaliger Ausrutscher. Vielmehr haben wir es mit einem geradezu spielsüchtigen ‚Zocker' zu tun, der kaum eine Gelegenheit ausließ, den Würfelbecher in die Hand zu nehmen; *ludorum cupido*, „Spielsucht", bescheinigt ihm ein Chronist.³ Er selbst machte keinen Hehl daraus. „Wir haben das Minervafest ganz nett verbracht", schreibt er in einem weiteren Brief, „und wir haben alle Tage über gespielt. Das Würfelbrett ist nicht kalt geworden". 20 000 Sesterze habe er bei dieser Glücksspiel-‚Session' verloren, bekennt er, „aber nur, weil ich den anderen so entgegengekommen bin." Denn hätte er manchen von ihnen den verlorenen Einsatz nicht erlassen, „dann hätte ich rund 50 000 Sesterze gewonnen". Nein, knausrig war dieser Spieler gewiss nicht. Im Gegenteil. Bei mancher geselligen Abendrunde stellte er jedem seiner Gäste 250 Denare zur Verfügung – für den Fall, dass sie Lust bekämen, miteinander – und mit ihm! – Würfel zu spielen.⁴

Der Gastgeber konnte sich diese Großzügigkeit leisten: Er war der reichste Mann seiner Zeit. Und er konnte sich auch die frappierende Ehrlichkeit erlauben, mit der er in Briefen an seinen Stiefsohn Tiberius von seinen Glücksspiel-Freuden berichtete – jedenfalls in strafrechtlicher Hinsicht. Denn er war der oberste Richter, der de facto über den Gesetzen stand. Sein Name war Kaiser Augustus. Die Tatsache, dass sein Biograph Sueton aus Privatbriefen zitieren kann, lässt nicht nur die Nähe des Chronisten zum Kaiserhof erkennen, sondern zeigt auch, dass Augustus seine Spielsucht nicht ängstlich vor der Öffentlichkeit verborgen hat. Sie war ein offenes Geheimnis und sogar Gegenstand politischer Witze.⁵

Moralisch war das natürlich fragwürdig, wenn gerade ein Herrscher, der in seiner Sittengesetzgebung die (vermeintlich) hohen ethischen Standards der Vorväter wieder beleben wollte, sich so offen über das alte Glücksspiel-Verbot hinwegsetzte. Aber es gehörte auch in manch anderer Hinsicht zu den Prinzipien des ersten Princeps, dass für ihn persönlich andere Maßstäbe zu gelten hatten als für sein Volk und vor allem dessen führende Schichten.

Freilich stand das illegale Glücksspiel auch nicht hoch oben auf der Agenda jener sittlich-moralischen Erneuerung, die Augustus auf den Weg bringen wollte. Er wäre damit vermutlich noch grandioser gescheitert als mit den tatsächlich ergriffenen Maßnahmen vor allem gegen Ehebruch, ‚freie Liebe' und Kinderlosigkeit in den höheren gesellschaftlichen Rängen. Allzu populär war die *alea* – so nannte man das

Glücksspiel nach seinem zentralen Instrument, dem Würfel – in allen Teilen der römischen Gesellschaft, als dass rigide Gesetzgeber oder polizeiliche Interventionen Aussicht auf Erfolg versprochen hätten.

‚Zocker' auf dem Kaiserthron

Augustus war wahrhaftig nicht der einzige römische Kaiser, der dieser Leidenschaft frönte. Während Tiberius, sein unmittelbarer Nachfolger, in dieser Hinsicht eine moralisch weiße Weste hatte, standen Caligula und Claudius in schlimmem Ruf als notorische *aleatores* („Spieler"). Caligula ging es nicht nur um den ‚Kick' des Glücksspiels; er wollte auch unbedingt Gewinn beim Würfeln machen. Und da das Glück den Kaiser nicht anders bedachte als seine Mitspieler, half er ihm kräftig nach: durch Falschspiel – vermutlich mit Hilfe von ‚Privatwürfeln', die auf der Seite der „6" schwerer waren – und, wenn gar nichts mehr half, durch Spontan-Einfälle von tyrannischem Zynismus.

Regelverstöße oder gar indirektes Verhöhnen der Glücksspielregeln konnte man Claudius nicht nachsagen. Dazu war er ein viel zu überzeugter, ja geradezu enthusiastischer Spieler, der sich mit seiner Leidenschaft ganz und gar identifizierte: Er entwarf nicht nur ein Spielbrett für seinen Reisewagen, das die Erschütterungen durch das Basaltpflaster merklich abfederte, sondern verfasste sogar ein Sachbuch über diese „Kunst".[6] Bei ihm kamen zwei Eigenschaften zusammen, die das ‚Zocker-Milieu' ausmachten: *ebrietas* und *aleae infamia*, „Trunksucht" und „schlechter Ruf, dem Glücksspiel verfallen zu sein".[7]

War der Ruf auf diese Weise ruiniert, ließ er sich ganz ungeniert bestätigen. Es war Claudius selbst, der zu abendlichen Glücksspiel-Runden einlud – wegen seiner Zerstreutheit peinlicherweise gelegentlich sogar Mitspieler, die er tags zuvor zum Tode verurteilt hatte ...[8]

In seiner bösen Polit-Satire auf den verstorbenen Kaiser nimmt Seneca die Spielsucht des Claudius zum Anlass, ihm vom Unterwelt-Tribunal eine einzigartige Strafe für seine zahlreichen Verbrechen auferlegen zu lassen: Aeacus, der Richter der Unterwelt, verkündet ihm, er müsse fortan mit einem durchlöcherten Würfelbecher spielen. Eine Bestrafung à la Sisyphus – „denn jedes Mal, wenn er gewillt,

Millionengewinne, während der Würfel kreist…

Einst spielte Caligula Würfel. Als er merkte, dass er kein Geld hatte, ließ er sich die Steuerlisten von Gallien geben und ordnete an, dass die Reichsten aus diesem Kreise hingerichtet werden sollten. Dann kehrte er zu seinen Mitspielern zurück und sagte: „Ihr spielt hier um ein paar lumpige Denare, während ich inzwischen etwa 150 Millionen Denare eingenommen habe."

Dio Cassius, Römische Geschichte LIX 22, 3 f. (Ü: O. Veh)

zu würfeln aus scheppperndem Becher, fielen heraus beide Würfel; es fehlte einfach der Boden."[9]

In der Galerie der Glücksspieler auf dem römischen Kaiserthron durfte ein Nero nicht fehlen. Seinem Ruf der Extravaganz wurde er als *aleator* gerecht, indem er Höchsteinsätze vorgab: Jeder Gewinnpunkt zählte angeblich 400 000 Sesterze[10] – ein exorbitanter Betrag, der möglicherweise auf einer Übertreibung beruht. Die freilich dürfte sich aus Einsatz-Summen herleiten, die selbst für wirtschaftlich potente Spieler schwindelerregend waren. Vitellius und Domitian reihten sich ferner in die Galerie der ‚Glücksspiel-Kaiser' ein[11], des Weiteren im 2. Jahrhundert Verus, der „ganze Nächte hindurch dem Würfelspiel huldigte"[12], Commodus[13] und Didius Iulianus, der im Jahre 193 ganze 66 Tage lang Kaiser blieb. Noch in der Nacht seiner Thronbesteigung zog er in den Kaiserpalast auf dem Palatin ein und „begann, während die Leiche seines Vorgängers Pertinax noch drinnen lag, sich voll zu fressen und mit Kumpanen Würfel zu spielen".[14]

10 *Büste von Nero*

Schimpfwort *aleator*

Spielsucht reichte also bis in die höchsten Kreise der römischen Gesellschaft. Sie war indes nicht nur dort zu Hause; der Bazillus der *alea* hatte alle Schichten infiziert – einschließlich der Sklaven. Und es spricht eine Menge dafür, dass er gerade dort ‚unten' weit verbreitet war. Mit Würfelspiel assoziierten viele die – je nach Perspektive angenehmen oder abstoßenden – Freizeitaktivitäten der Stadt. Würfelspiel, Kneipe, Bordell, Circus, Theater und Sportplatz – das sind aus der Sicht von Großgrundbesitzern die Verlockungen der Großstadt, die eine bestimmte Sorte von Sklaven magisch anzögen: jenes „unbekümmerte und verschlafene Sklavenpack", das auf keinen Fall als Personalreservoir für tüchtige Verwalter von Gutshöfen in Frage kam.[15] So der Agrarschriftsteller Columella, der die ökonomischen Interessen seiner Leserklientel, reicher Großagrarier, im Auge hatte.

Columella kannte sich im wirklichen Leben aus – oder er hatte zumindest die Klassiker aufmerksam gelesen. Schon der Alte Cato warnt davor, einen dem Weingenuss nicht abgeneigten *ambulator* („Herumtreiber") aus der eigenen Sklavenschaft zum Farm-Manager zu machen.[16] Da ist zwar nicht ausdrücklich von einem Spieler die Rede, aber bei der Andeutung Kneipengänger lag die Assoziation nahe. Saufen und Spielen werden häufig in einem Atemzug genannt, und Cicero stellt sich ernsthaft die Frage, ob ein Sklavenverkäufer nicht Auskunft geben muss, wenn sein Verkaufs-‚Gegenstand' ein „Betrüger, Spieler, Dieb oder Trunkenbold" ist. Das seien charakterliche Defizite, von denen ein potenzieller Käufer solcher „Nichtsnutze" eigentlich wissen müsse.[17]

Obwohl auch ‚Bürgerliche', Aristokraten und Kaiser ihm verfallen waren, wurde das Glücksspiel allgemein in einem moralischen Sumpf angesiedelt. *aleatores*, „Hazardeure", gebraucht Cicero als Schimpfwort. Er nennt sie in einem Atemzug mit „Ehebrechern und allen anderen schamlosen und verworfenen Subjekten", mit „Trunkenbolden und Schandbuben".[18] Selbstredend, dass die Catilinarier sich aus diesem ‚Bodensatz' der Bevölkerung rekrutieren! In diesen trüben Gewässern verworfener Existenzen fischt der Aufrührer Catilina erfolgreich: Wer sich mit Glücksspiel, Prasserei und Hurerei in eine ausweglose finanzielle Lage gebracht hat, der findet Sallust zufolge bei ihm Unterschlupf, und auch für Cicero sind „Würfelspiel, Wein und die Umarmung schamloser Weiber" die eigentliche ‚Heimat' dieser Abenteurer.[19]

Razzien gegen ‚Spielhöllen'?

Kein Zweifel, dass das zumindest im Hinblick auf einen Teil der Catilinarier billige Polemik und üble Nachrede war. Aber sie konnte deshalb Wirkung erzielen, weil das typische Glücksspiel-Milieu tatsächlich mit dunklen, verrußten Kneipen in Verbindung gebracht wurde, wo sich vornehmlich ‚lichtscheues Unterschicht-Gesindel' traf – ‚Spielhöllen', in die anständige ‚Bürgerliche' keinen Fuß setzten. Tatsächlich waren die *popinae* nicht gerade Stätten besonders kultivierter Freizeitgestaltung, doch trug die schichtenspezifische Klientel erheblich zu jener Dämonisierung bei, die Glücksspiel in zwielichtigen Wirtshäusern zu einer rhetorischen Waffe im wenig zimperlichen politischen Tagesgeschäft werden ließ.

Zur Anrüchigkeit des Ambientes trug sicher auch der Umstand bei, dass das Glücksspiel im Geheimen stattfinden musste. Es verlagerte sich meist auf Hinterzimmer, die bei etwaigen Kontrollen nicht sofort den Blicken der Aedilen ausgesetzt waren. Dass solche Polizeirazzien häufig vorgekommen wären, darf man wohl bezweifeln. Aber gelegentlich fanden sie statt, und dann „erbittet der trunkene Spieler, schnöd verraten vom Klang der Würfel, aus verstohlener Kneipe frisch verhaftet, Gnade vom Aedilen".[20]

Wenn jemand beim illegalen Spiel erwischt wurde, konnte er kaum mit Nachsicht rechnen. Im älteren römischen Recht scheint zumin-

> ### Glücksspiel-Atmosphäre
>
> Von den niedrig Geborenen und Ärmsten übernachten manche in den Weinschänken. (...) Andere streiten sich beim Würfelspiel, wobei sie mit schrecklichem Laut durch die schnaubenden Nüstern den Atem einziehen und laut brüllen.
>
> Ammianus Marcellinus, Römische Geschichte XIV 7, 25

dest das Vierfache des Einsatzes als Geldbuße fällig geworden zu sein.²¹ Das wäre nicht gerade als Sanktion für ein „nicht leichtes Vergehen" (*non leve crimen*; Ovid)²² angemessen gewesen. Vielleicht erwartete den Mann „von Stand" eine empfindlichere Strafe. Licinius Dentulus, ein notorischer Spieler, der seiner Sucht sogar in aller Öffentlichkeit nachging, wurde jedenfalls härter bestraft, möglicherweise sogar mit der Verbannung.²³ Sicher ist das allerdings nicht. Wohl aber riskierte der *aleator* neben einer Geldbuße den Verlust der „bürgerlichen Ehrenrechte". Ein gewisser Quintus Curius, auch er ein stadtbekannter Glücksspieler in der Zeit der ausgehenden Republik, wurde wegen seines unstandesgemäßen Lebenswandels von den Censoren aus dem Senat geworfen.²⁴

Die Angst, beim illegalen ‚Zocken' ertappt zu werden, saß in der Runde der Glücksspieler schon mit am Tisch²⁵, wenn sie nicht gerade zu den ganz Abgebrühten gehörten. Vielleicht war es auch einfach der besondere ‚Kick' des Verbotenen, der das nächtliche Würfelspiel für viele so anziehend machte. Andererseits gibt es nur spärliche Nachrichten über Polizeiaktionen gegen das Glücksspiel-Milieu und einschlägige Verurteilungen. Es scheint, als habe sich die Exekutive hier weitgehend zurückgehalten.

‚Spielunternehmer' ohne staatlichen Rechtsschutz

Zur Abschreckung setzte der römische Staat stärker auf die Gesetzgebung. Er bemühte sich, die Rahmenbedingungen für das Glücksspiel unattraktiv zu machen. Konkret: den Wirten, die ein wirtschaftliches Interesse an der Durchführung von Glücksspielen in ihren Räumlichkeiten hatten, weil sie am Verzehr der Gäste verdienten, ein hohes Risiko aufzuerlegen. Wer in seiner Schenke Glücksspiel zuließ, galt juristisch als „Spielunternehmer" (*susceptor*). Das war an sich nicht strafbar. Aber der Staat verweigerte dem Spielunternehmer jeden Rechtsschutz, soweit er sich auf Tatbestände des illegalen Spiels bezog.

Wenn der Wirt von hitzköpfigen Spielern verprügelt oder sein Gastraum von ihnen beschädigt wurde, lehnte der Praetor als zuständiger Beamter eine Klageerhebung ab. Im Klartext hieß das: Gerieten *aleatores* in Wut, wurden handgreiflich gegen den Wirt oder zerschlu-

11/12 Kneipenszenen; links entbrennt ein Streit zwischen Würfelspielern; rechts schickt der Wirt die Streithähne aus dem Lokal

gen ihm das Mobiliar, so blieb er auf seinem Schaden sitzen. Aus der Sicht der Spieler bedeutete das: Für Randale im Hause des Spielunternehmers konnten sie nicht belangt werden. Wer seinem Ärger über den Wirt mit den Fäusten Luft machen wollte, der brauchte zumindest nicht das Gesetz zu fürchten.[26] Diese Bestimmung bezog sich sogar auf nur indirekt Beteiligte, also z. B. den Vater, dessen Sohn, oder den Herrn, dessen Sklave in ein Gasthaus-Glücksspiel verwickelt war.[27] Auch sie konnten den Wirt straflos spüren lassen, was sie von seinem Betrieb hielten – wobei das Würfelspiel ja auch ein bloßer Vorwand sein konnte ...

Damit hatte der Glücksspiel-‚Unternehmer' eindeutig den Schwarzen Peter. Und es war ja kein geringes Risiko, auf das er sich dabei einließ: Die enge Beziehung zwischen Trinken und Würfeln, lautstarkes Hoffen und Fluchen – während des Wurfs riefen viele eine Gottheit oder auch die Geliebte als Glücksbringerin an[28] –, die Neigung mancher *aleatores* zum Falschspiel, der Ärger über ausgedehnte Verluststrähnen – das alles waren Faktoren, die leicht zur Erhitzung der Gemüter, zu Streit und Gewalttätigkeit führen konnten. Da hieß es für den Kneipenbesitzer, die Augen offen zu halten und rechtzeitig zu reagieren, wenn sich Ärger anbahnte.

Eben eine solche Szene ist auf einer pompejanischen Wandmalerei dargestellt. Zwei Spieler sitzen vor einem Spieltisch, auf dem einige

Warum Glücksspiel verboten ist

De interdictione aleae. Ab hac arte fraus et mendacium atque periurium numquam abest, postremo et odium et damna rerum.
Warum Würfelspiel verboten ist. Von diesem Zeitvertreib sind Betrug, Lüge und Meineid niemals weit entfernt, außerdem Hass und wirtschaftlicher Ruin.

Isidor von Sevilla, etymologiae XVIII 68

Würfel liegen. Der linke Spieler hat offenbar gerade geworfen. Er hält noch den Würfelbecher (*fritillus*) in der Hand und ruft: „Ich habe gewonnen!" In dieser Wahrnehmung des Wurfes sind die beiden indes uneinig. In drohend-aggressiver Haltung beugt sich der rechte Spieler vor und ruft aus: „Es ist keine Drei, es ist eine Zwei!"[29] Eine weitere Szene zeigt die rasche Reaktion des Wirts auf die brenzlige Situation: Er schiebt die beiden Kampfhähne nach draußen mit den Worten: „Raus hier! Tragt euren Streit draußen aus!"[30]

Stell dir vor, es gibt Würfelgesetze – und keiner hält sich daran …

Besonders harte Strafen stellte das Gesetz denen in Aussicht, die andere gegen ihren Willen zum Glücksspiel verführten oder sie daran hinderten aufzuhören. Mit der ersten Bestimmung sollten z. B. Amateure und Neulinge vor den Umarmungen von Berufsspielern geschützt werden; der zweite Teil bezog sich etwa auf Situationen, in denen sich ein Spieler nach einem Gewinn oder einem herben Verlust zurückziehen wollte und von anderen genötigt wurde weiterzumachen. Als Sanktion wurden Geldstrafen, Bergwerksarbeit und Gefängnis angedroht.[31]

Freilich hätte es den Verlieren zumindest nach dem Gesetz freigestanden, ihren Einsatz zurückzufordern. Das war ebenso klar geregelt wie die Nicht-Einklagbarkeit von Spielschulden.[32] In der Praxis dürften diese Fälle selten vorgekommen sein. Man war sich in Spielerkreisen sicher grundsätzlich einig darüber, Spielschulden als Ehrenschulden anzuerkennen bzw. das Problem zu vermeiden, indem

Einsätze mit klingender Münze auf den Tisch gelegt wurden und nach jedem Spiel sofort in den Besitz des Gewinners übergingen. Die juristischen Implikationen dürften allenfalls dann auf die Spielpraxis durchgeschlagen haben, wenn Sklaven beteiligt und damit die Eigentumsrechte der Herren berührt waren. Ihnen räumte das Gesetz großes Gewicht ein: Es gestand den Herren den Anspruch auf Rückgabe der von ihren Sklaven verlorenen Einsätze zu. Andererseits beschränkte es die Haftung, wenn Spielgewinne ihrer Sklaven zurückgefordert wurden, auf die Höhe des jeweiligen Sklaven-*peculium*. Das war der persönliche Geldbesitz eines Sklaven, über den er im Allgemeinen allein verfügen durfte.[33]

An der Realität gingen alle diese Bestimmungen offenkundig weit vorbei. Es war so ähnlich wie bei den Anti-Luxusgesetzen (*leges sumptuariae*)[34]: Der Staat verfügte Normen, die sich an althergebrachten Moralvorstellungen orientierten, und bedrohte Normverletzer mit strafrechtlichen Konsequenzen – aber die Gesellschaft ignorierte sie weitgehend. Die größte Effizienz dieser Abschreckungsstrategie bestand darin, dass sie den Leuten wenigstens ein schlechtes Gewissen machte. Sie wussten, dass sie gegen Gesetze verstießen – der disziplinäre Staat der Antike tat ihnen nicht den Gefallen, sie von diesem Bewusstsein illegalen Handels zu befreien, indem er das Recht an die gesellschaftliche Realität anglich.

Das Verbot des Würfelspiels war alt. Es reicht mindestens ins 3. Jahrhundert v. Chr. zurück. Beim Komödiendichter Plautus ist erstmals von einer *lex aleatoria* („Würfelgesetz") die Rede.[35] Horaz spricht im 1. Jahrhundert v. Chr. von mehreren Gesetzen, die das Glücksspiel mit Würfeln verbieten.[36] So alt wie die Zeugnisse über die Verbote sind aber auch die Berichte, dass sich die Menschen darüber hinwegsetzten. Und zwar nicht nur die kleinen Leute, die abends und nachts zum Spielen in die ‚Spelunken' gingen, weil in ihren kleinen Wohnungen kein Platz für eine Spieler-Runde war, sondern auch die Betuchten. Sie blieben in ihren Häusern, luden Gäste ein oder ließen sich einladen – und holten vielfach, „nachdem sie genug geschmaust und gezecht hatten, die Würfel heraus".[37]

Nicht immer ging es um Geld. Manchmal bestand der Einsatz auch in Naturalien: „Ich setze meinen Mantel, er setzt seinen Ring."[38] Die Höhe des Einsatzes richtete sich natürlich wesentlich nach dem

Geldbeutel der Spieler. In der Tendenz scheint sie aber im Laufe der Zeit zugenommen zu haben. „Es geht doch heutzutage kaum noch einer zum Spieltisch mit dem Beutel allein, lieber wird die Geldtruhe zum Glücksspiel mitgebracht", klagt Juvenal im 1. Jahrhundert.[39] Satirische Übertreibung hin, moralinsaure Kritik her – ein Körnchen Wahrheit wird wie so oft in der vergröbernden Polemik Juvenals stecken. Wie in der Schlacht gehe es am Spieltisch zu, fährt der Satiriker fort, und die Kassenverwalter reichten den „Kämpfern" gleichsam die Waffen. Mal eben 100 Sesterze verlieren – das mache vielen nichts aus. Geiz aber regiere, wenn der frierende Sklave eine neue Tunika brauche![40]

Würfeln als erotisches Vorspiel

Wein und Würfelspiel – das gehörte nicht nur in düsteren Kneipen-‚Spielhöllen' zusammen, sondern prägte auch die Atmosphäre vieler Trinkgelage in den Triclinien der ‚besseren' Gesellschaft. Zu den Auswüchsen feuchtfröhlicher Soireen zählte das Wetttrinken, bei dem die Würfel die Zahl der Becher bestimmten: „Manch einer trinkt so viel, wie der Würfel verlangt."[41]

Man kann darüber streiten, ob nicht das verbotene Glücksspiel solchen erlaubten Besäufnisspielen vorzuziehen war – ungleich gepflegter ging es dagegen beim abendlichen Tête-à-Tête von Verliebten zu, bei dem das Würfelspiel zumindest von Ovid geradezu in den Rang des erotischen Vorspiels gehoben wird. *ludendo saepe paratur amor*, „durch das Spielen wird oft der Boden für Liebe bereitet", weiß er – und empfiehlt den flirtwilligen Frauen eindringlich, die wichtigsten Regeln des Würfelspiels zu beherrschen.

Die Regeln zu erlernen ist leicht. Aber Vorsicht! Sich beim Glücksspiel zu beherrschen – das ist die viel größere Leistung! Wie leicht verliert man im Eifer des Würfelspiels, erhitzt vom Wein, die Contenance, lässt sich zu Schimpfwörtern und Zänkereien hinreißen! Wie leicht übermannt einen die Gewinnsucht (*lucri cupido*) und man vergisst darüber den eigentlichen Sinn des intimen Beisammenseins! Ein aufschlussreicher Hinweis darauf, dass selbst in solchen Situationen Würfeln nicht nur als unterhaltsames Gesellschaftsspiel, son-

13 Mit Astragalen spielendes Mädchen; pompejanisches Fresko

dern auch als Glücksspiel um Geld praktiziert wurde! Wie leicht echauffiert man sich, schreit so laut, dass es durch den Äther hallt, macht dem Partner Vorwürfe! All das ist wenig *ladylike*[42]: „Vor solchem Betragen", beschwört der Liebeslehrer seine Schülerinnen, „möge euch Jupiter stets bewahren, wenn euch nur etwas daran liegt, den Männern zu gefallen!"[43]

Würfelspiel als Vorspiel

Turpe est nescire puellam ludere.
Eine Schande ist's, wenn ein Mädchen sich nicht aufs Spielen versteht.

Ovid, ars amatoria III 367f.

Für den Mann fallen die Ratschläge des Erotik-Ratgebers noch anders aus. Auch er soll nicht verbissen spielen. Mehr noch: Selbstverleugnung ist die beste Taktik, um die Dame seines Herzens zu erobern. Will sagen: Er soll möglichst schlecht würfeln und die Partnerin gewinnen lassen – durch solche Kavaliersdienste wird er die Stimmung aufheitern und sich die Dame geneigter machen.[44]

Hat man ‚leichte' Mädchen für die Nacht gemietet, so entfällt diese Notwendigkeit. Gleichwohl: Auch für solche ‚Sex-Partys' dient das Würfelspiel beim kräftigen Pokulieren als anregender Auftakt. Mitunter allerdings auch als böses Omen: „Während ich mit den Würfeln den glücklichen Venuswurf suchte, sprangen in einem fort nur schändliche Hunde heraus"[45], berichtet der Dichter Properz über ein nächtliches Abenteuer mit zwei Prostituierten. Schlimmer noch: Plötzlich steht seine Geliebte Cynthia in der Tür und beendet das traute Stelldichein zu dritt abrupt: „Das war ein Schauspiel wie in einer eroberten Stadt."[46] Die Würfel hatten gewarnt ...

Höhepunkt Venuswurf

Glück im Spiel, Pech in der Liebe – für die Antike galt dieses deutsche Sprichwort offensichtlich nicht. Properzens doppeltes Pech zeigt das, und ebenso einer der *Erotischen Briefe* des spätantiken Autors Aristainetos. Darin beklagt sich ein gewisser Monochoros bitter über sein doppeltes Unglück: Wenn er mit seinen Rivalen in der Liebe Würfel spiele, sei er immer so unkonzentriert – „meine Liebestollheit bringt mir die Gedanken durcheinander" –, dass er den Gegnern unterliege und viel Geld an sie verliere – wodurch diese die Geliebte viel freigebiger beschenken und sich ihrer Gunst versichern könnten. Der Adressat des Briefes dürfte an solchen Geschichtchen interessiert gewesen sein: Sein sprechender Name Philokybos lässt erkennen, dass auch er dem Würfelspiel huldigte: „Würfelfreund".[47]

In gewisser Weise deutet auch der Begriff „Venuswurf" auf die Parallelität zwischen Glück in der Liebe und im Spiel hin. So hieß der „glückliche Sechser" (dexter senio), der mit drei Würfeln erzielt wurde und die höchstmögliche Punktzahl von 18 ergab. Sein Pendant auf der negativen Seite war die damnosa canicula, der „unheilvolle Hundswurf"[48], mit dem bescheidenen Ergebnis von nur drei Punkten.

Diese Punkterechnung galt, wenn mit „regulären" Würfeln (tesserae) gespielt wurde. Eine beliebte Variante war das Spiel mit Knöcheln (tali), d. h. mit echten Tierknöcheln, den Verbindungsknochen zwischen Ferse und Wade, oder auch aus Stein, Ton und anderen Materialien nachgebildeten tali. Man spielte mit vier tali. Die Werte 2 und 5 gab es bei den nur vierseitigen Knöcheln nicht. Als bestes Ergebnis galt eine Kombination aller Werte (1, 3, 4, 6), auch hier „Venuswurf" genannt, als schlechtestes der „Hund" in Gestalt von vier „Einsern".[49]

Neben dem reinen Würfelspiel, bei dem in der Regel Würfelbecher benutzt wurden, um das Schummeln zu erschweren, kannte man allerlei Brettspiele, die auch mit Hilfe von Würfeln gespielt wurden. Auch sie wurden häufig als Glücksspiel mit Geldeinsatz betrieben – und galten dann natürlich ebenfalls als illegal.

Greise und Kinder, in Spielsucht vereint

Üblicherweise waren der Abend und die Nacht die Zeiten für das Glücksspiel. Spielsüchtige spielten indes zu allen Tageszeiten. Solche aleatores lungerten mitunter in der Öffentlichkeit herum und scheuten sich nicht einmal, in Blickweite des Forums zu spielen – übrigens eher wohlhabende Müßiggänger aus der ‚feinen' Gesellschaft als Plebejer, die sich diesen Lebenswandel schlicht nicht leisten konnten.[50] Wie schnell labile Menschen der Spielsucht verfallen konnten – alea-‚Junkies', die „der Würfel dann in den Bankrott treibt"[51] –, war durchaus bekannt, zumal man tagtäglich entsprechenden Anschauungsunterricht erhielt. Das tat der Popularität des Glücksspiels keinen Abbruch. Vielmehr erschienen sogar Fachbücher über das Glücks-

> **Spielsucht**
>
> *Sic, ne perdiderit, non cessat perdere lusor,
> et revocat cupidas alea saepe manus.*
> So hört, um nicht zu verlieren, der Spieler nicht auf zu verlieren;
> gierige Hände ruft oft zu sich der Würfel zurück.
>
> Ovid, ars amatoria I 451 f. (Ü: N. Holzberg)

spiel – Ratgeber zu der „Kunst, mit dem Würfel zu spielen". Der prominenteste unter diesen Sachbuch-Autoren war der Kaiser Claudius, aber er konnte sich bei seinen ‚Studien' bereits auf eine umfangreiche einschlägige Literatur stützen, in der z. B. beschrieben wurde, „durch welchen Wurf man das meiste einnimmt, wie man es macht, dass man dem ‚Hund' entrinnt (…) und wie man geschickt die Würfel weiterreicht".[52]

Wie bei vielen anderen Lastern wurden in einer so spielversessenen Gesellschaft auch schon die Heranwachsenden sozialisiert. Der Satiriker Persius gesteht, er habe sich oft davor gedrückt, „die schwülstigen Reden des sterbenden Cato" in der Schule zu lernen, „damit sie mein angstschwitzender Vater vernähm' vor geladenen Freunden". Viel mehr sei er daran interessiert gewesen „zu wissen, was mir beim Würfeln den Sechser gewänn' und der tückische Hundswurf nähme".[53] Schwer war es nicht, entsprechenden Anschauungsunterricht zu erhalten: „Freut sich der Greis am verlustreichen Würfelspiel, so spielt der Erbe schon als Kleiner und schwingt im Becherchen ähnliche Waffen."[54]

Man kann also schon verstehen, warum das Glücksspiel von Kritikern als *vitium*, als sittenwidriges und moralisch anstößiges „Laster", gebrandmarkt und vom Gesetzgeber verboten wurde. Mit der Würde, der rationalen Nüchternheit und inneren Unabhängigkeit, wie sie der Väter Sitte (*mos maiorum*) von einem charakterfesten Römer forderte, schien das „trügerische Glücksspiel" (*fallax alea*[55]) nicht vereinbar.[56] Die innige Verbindung mit reichlichem Weingenuss und anderen ‚Exzessen' nächtlicher *dolce vita* kam erschwerend hinzu: Eine für den einzelnen wie für die gesamte Gesellschaft abträgliche, ja sogar gefährliche Leidenschaft!

„Es falle der Würfel!"

Nur einmal im Jahr durften auch ‚ordentliche' Römer sich gehen lassen. Diese gesellschaftliche Ventilfunktion gehörte zum Saturnalienfest im Dezember. Im 1. Jahrhundert wurden die Saturnalien eine Woche lang, vom 17. bis zum 23. Dezember, gefeiert. Hervorstechendes Merkmal dieses an die Goldene Zeit unter der Weltherrschaft Saturns erinnernden Festes war die saturnalische *licentia*, „Ausgelassenheit", „Zügellosigkeit". Laute Fröhlichkeit, närrisches Treiben und ein hoher Alkoholkonsum prägten die zahlreichen Feiern. *madidi dies*, „feuchte Tage", nennt Martial diese tollen Tage im Alten Rom, und Horaz fügt mit nur geringer Übertreibung hinzu, dass derjenige auffalle, der *keinen* Rausch habe.[57]

Fast selbstverständlich demnach, dass in dieser Atmosphäre auch das Glücksspiel mit Geldeinsätzen ausnahmsweise erlaubt war. Der römische ‚Karneval' setzte das gesetzliche Spielverbot vorübergehend außer Kraft, und die vielen *aleatores* konnten wenigstens für kurze Zeit ihrer Leidenschaft ohne Angst vor den Aedilen und ihren Amtsdienern frönen.[58] Da ertönte dann „überall der unbeständige Dezember vom Klappern launischer Würfelbecher".[59] Der Ernst (*severitas*) des normalen bürgerlichen Alltags war für ein paar Tage vergessen, und der Würfelbecher übernahm das Kommando über die Stadt (*regnator ... imperat fritillus*)[60] – ein Ausnahmezustand, der es auch und gerade den Sklaven erlaubte, sich einiges gegenüber ihren Herren herauszunehmen und eben auch ohne Sorge vor Bestrafung die Würfel fliegen zu lassen.[61] An diesen Tagen und in diesen Nächten konnte das Sprichwort von seiner übertragenen zu seiner ursprünglichen Bedeutung zurückkehren: *cadat alea*, „es falle der Würfel!"[62]

Nach dem 23. Dezember war alles vorbei – zumindest für diejenigen, die sich gesetzestreu verhielten. Mag sein, dass die Aedilen ihre Kontrollen nach diesem Stichtag intensivierten, um die Rückkehr zur Normalität zu signalisieren.[63] Was aber war die Normalität? De facto änderte sich für viele, wie wir gesehen haben, nichts: Sie blieben ‚ihrem' Würfelspiel treu.

Wer das Glücksspiel seiner römischen Landsleute als Phänomen verweichlichter Dekadenz ansah, für den hielten die Ethnologen eine Überraschung und, wer weiß, vielleicht auch einen Trost bereit. Der

14 Darstellung des Dezembers im Kalender des Filocalus aus dem Jahr 354. Die Würfel auf dem Tisch symbolisieren die „saturnalische Freiheit".

Blick nach Germanien zeigte, dass auch „Naturvölker" von der Spielsucht nicht verschont blieben. Ausgerechnet die „kernigen" Germanen waren dem Glücksspiel in erschreckender Weise verfallen. Viele spielten, wie Tacitus in der *Germania* berichtet, bis sie Haus und Hof verloren hatten, und „wenn alles verspielt ist, setzen sie im allerletzten Wurf ihre persönliche Freiheit aufs Spiel. Wer dann verliert, unterwirft sich freiwilliger Sklaverei".

Das war, mit römischen Augen gesehen, erstaunlich genug. Noch erstaunlicher aber schien es, dass die Germanen diese Spielleidenschaft „wie eine ernste Sache betrieben". Will sagen: nüchtern, ohne Wein.[64] Die Idee wäre römischen Spielern nicht so schnell gekommen. Für sie bildeten Weinbecher und Würfelbecher eine vergnügliche Einheit im nächtlichen ‚Laster'.

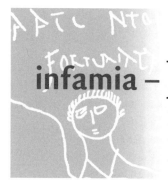

infamia – Facetten des römischen Rotlicht-Milieus

Unermüdlich im „schwülen Bordell"

Sie wartet, bis ihr Mann eingeschlafen ist. Dann verlässt sie heimlich das Bett, kleidet sich an, wirft sich einen Kapuzenmantel über und stiehlt sich, von einer einzigen Sklavin begleitet, aus dem Haus. Der nächtliche Gang führt sie zu einem der Bordelle im Dunstkreis des Circus Maximus. Kurz vor dem Ziel setzt sie sich eine blonde Perücke auf, die ihre schwarzen Locken zur Gänze bedeckt. Sie schiebt einen schäbigen Vorhang zur Seite und ist in der Zelle, die für sie freigehalten ist. Der kleine, stickige Raum, von nur wenigen blakenden Öllämpchen dämmrig erleuchtet, ist für die nächsten Stunden ihr Arbeitsplatz. Dort, im Mief des „schwülen Bordells" (*calidum lupanar*), empfängt sie der Reihe nach ihre Kunden – die Hure Lycisca, wie sie sich mit einem Phantasienamen bei der Ausübung ihres Gewerbes nennt, nackt mit vergoldeten Brüsten. Sie weiß, wie sie die ‚Freier' anlockt (*blanda*), aber sie versteht sich auch aufs Geschäft: Als Erstes wird der „Liebeslohn" fällig.

„Danach verschlingt sie, auf dem Rücken liegend, die Stöße von vielen"[1] – bis der Strom der Bordellbesucher versiegt, der Besitzer des schäbigen Freudenhauses die anderen Mädchen nach Hause schickt und auch ihr befiehlt, ihre Zellentür zu verschließen. Als Letzte verlässt sie ihren nächtlichen Arbeitsplatz, „traurig und erschöpft von den vielen Männern, doch noch immer nicht befriedigt, hässlich die Wangen geschwärzt und entstellt vom Blaken der Lampe".[2] Sie kehrt

15 Messalina, die „Hure auf dem Kaiserthron"

in ihr Haus und auf das eheliche Lager zurück – mit dem üblen Geruch des Bordells (lupanaris odor) auf der Haut.³

Die geheimnisvolle Prostituierte, die ihre nymphomanen Obsessionen als ‚Hobby-Hure' in einem Billig-Puff (lupanar ist ein Ausdruck deftiger Gossensprache⁴) auslebte (oder auszuleben versuchte), ist keine Geringere als Messalina, die dritte Frau des Kaisers Claudius, die berühmt-berüchtigte meretrix Augustana, „die kaiserliche Hure".⁵ Ihr schamlos praktiziertes intensives Triebleben war Tagesgespräch in Rom und ist entsprechend reich bezeugt.⁶ Die Orgien, die sie im Kaiserpalast zusammen mit anderen, von ihr dazu gezwungenen Frauen der höchsten Gesellschaft feierte, waren wohl keine Erfindung des blühenden Hauptstadt-Klatsches.⁷

Welche libidinösen Auswüchse man ihr zutraute, zeigt die vom Älteren Plinius überlieferte Nachricht, sie sei einst in ihrem nymphomanen Ehrgeiz mit den berüchtigsten Dirnen ihrer Zeit in einen Wettstreit eingetreten und habe ihre professionellen Konkurrentinnen mit der Rekordzahl von 25-fachem Beischlaf innerhalb einer Nacht- und Tages-‚Schicht' übertroffen.⁸ Dass sie sich tatsächlich gegen Geld prostituiert habe, erfahren wir auch aus einer anderen Quelle. Dort ist allerdings „nur" von der Einrichtung eines Bordells innerhalb des Kaiserpalastes auf dem Palatin die Rede.⁹ Es blieb dem Satiriker Juvenal vorbehalten, Messalina in dem Prostituierten-Milieu anzusiedeln, das wir an den Anfang dieses Kapitels gestellt haben.

Ob die Darstellung authentisch ist oder, was wahrscheinlicher ist, als überspitzendes Phantasieprodukt des satirischen Dichters zu gelten hat, ist in unserem Zusammenhang ohne Belang. Für uns ist die bekannte Passage aus Juvenals sechster Satire eine wichtige Quelle; denn sie führt anschaulich in jenen Teil des römischen Nachtlebens ein, der sich heutzutage mit dem Begriff des Rotlicht-Milieus verbindet. In römischer Zeit war es freilich nicht die Farbe des Lichts, die auf Bordelle aufmerksam machte, wohl aber gelegentlich die ‚Form' des Lichts: Lampen in Gestalt eines erigierten Phallus wiesen nachts den Weg dorthin. Tagsüber waren es Reliefplatten mit Phallus-Darstellungen und obszöne Malereien[10] – wenngleich das kein untrügliches Zeichen für solche Etablissements war.

Vom Vorzug, mit Ehrlosen zu verkehren

Das Prostituierten-Milieu verband sich für die Römer mit *infamia. infames* waren alle Personen, die keine *fama*, „Reputation", „Ansehen", „bürgerliche Ehre", besaßen und damit aus der Gemeinschaft der ehrenwerten Bürger ausgegrenzt waren. Dazu gehörten alle in der Vergnügungs-Branche Tätigen: die Bordellbetreiber (*lenones*) ebenso wie Schauspieler(innen), Gladiatoren, die Besitzer von Gladiatorenschulen und Wagenlenker. Die einzelnen Stars der Arena, des Circus und des Theaters mochten umjubelt und von ihren Fans umschwärmt sein wie die Ikonen des modernen Showbusiness, die Spitzenvertreterinnen des ‚horizontalen Gewerbes' von Dichtern als *amicae* („Freundinnen") angebetet, in den Rang von Göttinnen erhoben und poetisch verklärt werden – als Stand waren sie zutiefst verachtet. Wenigstens sollten die Protagonisten der römischen ‚Spaßkultur' nicht noch gesellschaftlich aufgewertet werden – so wollte es der unerbittliche *mos maiorum* („Sitte der Väter").

Aus heutiger Sicht ist man geneigt, diesem Sittenkodex eine gewisse Doppelmoral zu attestieren. Denn keineswegs gerieten alle diejenigen, die die Vergnügungs-Dienstleistungen in Anspruch nahmen, mit in den Dunstkreis der *infamia* hinein. Der Kontakt zu den gesellschaftlich geächteten Serviceleistern und die Inanspruchnahme ihrer Dienste waren durchaus akzeptiert. Gewiss, es gehörte in der feinen Gesellschaft nicht gerade zum guten Ton, sich beim Betreten oder Verlassen eines Bordells beobachten zu lassen, und man achtete wohl auch darauf, das Rotlicht-Milieu nach Möglichkeit in die Nebenstraßen der City abzudrängen[11] – wenngleich es keine ausgesprochenen Sperrbezirke oder auch nur ein einschlägiges Konzept gegeben hat –, aber mehr als eine Unannehmlichkeit oder Peinlichkeit war es nicht, in diesem Ambiente erwischt zu werden.

Die *infamia* des nichtbürgerlichen Raumes schützte die bürgerliche Sphäre sogar in gewisser Weise: Weil Prostituierte in der ehrenwerten Gesellschaft nicht zählten, wurde die Beziehung zu ihnen nicht als Ehebruch gewertet. Dieser in der augusteischen Sittengesetzgebung juristisch klar fixierte Ausnahmetatbestand zum sonst strafrechtlich relevanten *adulterium* („Ehebruch") dürfte der Prostitution sogar zusätzlich Auftrieb gegeben haben.[12] Für Frauen galten keine analogen Regeln einer insoweit liberalen Sexualmoral; ‚Freibriefe' gab es ausschließlich für Männer – allerdings wohlgemerkt nur, was sexuelle Beziehungen zu ‚Weibsbildern' aus der *infamia*-‚Szene' anging.

Prostitution als Normalität des römischen Alltags

Die Ausübung der Prostitution war straffrei. Die allermeisten Prostituierten waren Sklavinnen, die von ihren Herren dazu gezwungen wurden, sowie Freigelassene und Fremde. Sie wurden juristisch mit anderen Maßstäben gemessen als frei geborene Römerinnen. Diese mussten sich, wenn sie der Prostitution nachgehen wollten, bei den Aedilen, der ‚Innen-Behörde', offiziell registrieren lassen und ihr Gewerbe anmelden.[13] Das schützte sie vor strafrechtlicher Verfolgung wegen Unzucht (*stuprum*) oder Ehebruchs – und nicht minder ihre ‚Freier'.

Die gesellschaftliche Akzeptanz der Prostitution und die klaren Regeln, die den *infamia*-Bereich von der bürgerlichen Welt abgrenzten, ermutigten den Fiskus schließlich, den „Verkauf des Körpers" als mehr oder minder reguläres Gewerbe zu besteuern: Im Jahre 40 führte Caligula eine Dirnensteuer in Höhe des „Gewinns aus einem Beischlaf pro Tag" ein.[14] Mochten dabei auch fiskalische Gründe im Vordergrund stehen, so war das wohl auch ein politisch gewollter Schritt hin zu einer weiteren Normalität und Legitimierung der Prostitution[15] – der konsequente Endpunkt einer Mentalität, die Plautus schon im 3. Jahrhundert v. Chr. als Ausdruck römischer Sexualmoral formuliert: „Niemand wird es dir wehren oder verbieten, wenn, was öffentlich zum Kauf angeboten wird, du für dein Geld dir kaufst (...). Wenn

> ### Maßvoller Bordellbesuch ist nicht ehrenrührig
>
> Als der berühmte Cato Censorius einen anständigen Mann aus einem Bordell herauskommen sah, lobte er ihn; denn er meinte, man müsse mit seiner Sexualität umgehen, ohne Schuld auf sich zu laden. Als er ihn aber häufiger dabei gesehen hatte, wie er aus demselben Bordell herauskam, sagte er: „Junger Mann, ich habe dich dafür gelobt, dass du ab und zu hierhin kommst, nicht dafür, dass du hier wohnst."
>
> Porphyrio-Kommentar zu Horaz, Satiren I 2, 31 ff.

du dich von Ehefrauen, Witwen, unbescholtenen Jungfrauen und frei geborenen Knaben fern hältst, magst du lieben, was du willst."[16]

Den Rat des Plautus nahmen viele Römer nur zu gern an. Prostitution war eine Normalität im römischen Alltagsleben, keineswegs nur ein zähneknirschend toleriertes Freigehege für die sexuellen Bedürfnisse junger Männer.[17] Stirnrunzeln oder gesellschaftliche Sanktionen brauchte nur zu befürchten, wer es allzu toll trieb und „keine Nacht ohne Dirne schlief" oder „stets Prostituierte im Gefolge hatte".[18] Zudem war der Kontakt mit Huren ein ausgesprochen preiswertes Vergnügen, wenn man keine hohen Ansprüche stellte. Der weit verbreitete Billig-Tarif lag bei zwei Assen.[19] Das war das Kaufkraft-Äquivalent von zwei Laiben Brot oder einem halben Liter Wein gehobener Qualität – ab und zu für fast jeden erschwinglich; selbst für Sklaven, die sich mit ihrem Taschengeld die Dienste einer Prostituierten erkaufen konnten.

16 Graffito aus Pompeji: „Mula bläst Antonius; Fortunata (kostet) zwei As."

Angesichts der massiven Präsenz der Prostitution in der römischen Gesellschaft, der großen Zahl von Huren und ‚Freiern' ist es unwahrscheinlich, dass die Bordelle erst um die neunte Stunde, also erst gegen 15 Uhr nachmittags geöffnet werden durften – oder zumindest dass eine solche Vorschrift beachtet worden ist. Die gelegentlich vertretene These von den ‚Sperrzeiten' stützt sich auf einen einzigen

Quellenbeleg: Persius spricht von einer *nonaria*, einer „Neunte-Stunde-Hure", die „dem Kyniker keck am Bart zupft" – und zwar „nach dem Mittagessen".[20]

Der Straßen- und Gräber-‚Strich'

Sicher lief das Geschäft am Vormittag eher schleppend an. Der Nachmittag brachte deutlich höhere Umsätze. Die Spitzenzeiten scheinen aber der Abend und die Nacht gewesen zu sein, auch wenn sich das nur indirekt aus dem Quellenmaterial ergibt: Dunkelheit passt besser zu einem ehrlosen Milieu, das das Licht des hellen Tages scheut und nach Ansicht der Moralisten auch scheuen sollte ...

Mit Unterschieden in den ‚Hauptgeschäftszeiten' des Prostitutionsgewerbes ist zu rechnen. Sie ergeben sich aus dem jeweiligen Marktsegment, dem die einzelne Dirne angehörte. Eine interessante Information dazu liefert der spätantike Grammatiker Nonius. Er unterscheidet zwischen der vornehmeren *meretrix* und der niedrigeren *prostibula*: „Eine *meretrix* ist weniger schamlos (...). Denn die *meretrices* heißen so, weil sie an einem Ort bleiben und nur nachts ihr Geld verdienen; die *prostibula* aber, die so heißt, weil sie vor dem Bordell steht (*pro-stare*), geht Tag und Nacht anschaffen."[21]

Tatsächlich lassen sich die Dirnen in unterschiedliche ‚Qualitätsklassen' einteilen. Ganz unten war der ‚Straßenstrich' angesiedelt, der z.T. sogar ohne Räume auskam. Dunkle Ecken und finstere Hinterhöfe in der Stadt oder Gräber an der Peripherie waren die Reviere der „schmutzigsten Dirnen", von denen man nur mit großer Verachtung sprach, wenn sie dort „die Enkel des hochherzigen Remus abschälten".[22] Auch in Badeanstalten gingen Dirnen dieser Kategorie auf Kundenfang und standen dort wohl – im Unterschied zu ihren ‚gehobeneren' Kolleginnen, die sich dort auf eine Kontaktanbahnung beschränkten – für schnellen ‚Sofortsex' zur Verfügung.[23] Graffiti aus einem Bad in Herculaneum belegen jedenfalls sehr deutlich, dass die Prostitution zumindest im Umfeld von Thermen florierte („hier haben wir angenehm zwei Mädchen zweimal gevögelt").[24] Und auch die eindeutigen erotischen Malereien in den Thermae Suburbanae in Pompeji passen ins Bild.

Ob es innerhalb von Thermenkomplexen regelrechte *cellae meretriciae* („Dirnenkammern") gegeben hat, ist unklar.²⁵ Verwandelten sich manche Thermen vielleicht sogar gerade nachts in Stätten des Lasters, wenn ein Angestellter gemeinsame Sache mit den Straßendirnen machte? Das könnte eine Bemerkung Martials nahe legen. Er spricht von einer abstoßenden alten Dirne, die „der Bademeister, (erst?) wenn die Lampe erloschen ist, noch mit den Friedhofshuren hineinlässt".²⁶

Der größere Teil der ‚ambulanten' Prostitution dürfte bei Tage stattgefunden haben. Die Dunkelheit, in die die Straßen nachts getaucht waren, war dem Gewerbe sicherlich hinderlich, wenngleich natürlich manche schwach beleuchteten Hauseingänge und Plätze sich für kurze sexuelle Intermezzi anboten. Auch der Mondschein konnte als ausreichende, gegebenenfalls sogar stimulierend wirkende Lichtquelle dienen.²⁷ Selbst unbewachte Gräber kamen als Schauplätze nächtlicher Straßenprostitution in Frage: Die Geschichte der „Witwe von Ephesos", die Petron in seine *Satyrica* einflicht, zeigt, wie man sich auch im Schein von Öllämpchen in einer Gruft vergnügen konnte.²⁸ Vielleicht machten Dirnen nachts sogar dadurch auf sich aufmerksam, dass sie sich mit einer Fackel gewissermaßen selbst beleuchteten: Der Spötter Lucilius erwähnt eine *noctiluca*, „Nachtleuchte"²⁹ – nach Deutung mancher Interpreten die Bezeichnung für eine „Dirne, die zur Nachtzeit Männer durch eine ausgehängte Laterne anlockt".³⁰

Wie umfangreich das Nacht-Geschäft im Bereich des Straßen- und Gräber-‚Strichs' gewesen ist, bleibt angesichts der hier eher dürftigen Quellenlage ungewiss. Auf die nächst höhere Kategorie des Dirnenwesens, die Bordell-Prostitution, trifft das nicht zu. In diesen Etablissements herrschte, wie schon der ‚Bericht' über Messalinas nächtliches Treiben zeigt, auch bei Nacht reger Betrieb.

Billig-Bordelle zwischen Werbepoesie und trostloser Realität

Freilich – ‚Etablissement' ist ein eher euphemistischer Begriff für die düsteren, schlecht gelüfteten und häufig übel riechenden Billig-Bordelle (*lupanaria; fornices*). Das berühmte *lupanar* des Africanus und Victor in Pompeji, durch das heutzutage täglich Tausende von Touris-

17 Prostituierten-Cella eines Bordells in Pompeji

ten geschleust werden, ein ‚Freudenhaus'? Kultivierte Freude jedenfalls strömen die winzigen Kammern der dort tätigen Frauen nicht aus: muffig, eng – kaum mehr als eine gemauerte Liege passte dort hinein –, fensterlos, vom Rauch der ständig brennenden Kerze verrußt, ungemütlich und unerotisch: Das ist das Ambiente für raschen Sex-Service fast im Minutentakt. Abdruckstellen auf den steinernen Liegen zeigen, dass viele Besucher es noch nicht einmal für nötig hielten, ihre Schuhe auszuziehen.

Das Einzige, das etwas Glanz in dieses triste Milieu brachte, waren die sehr eindeutigen erotischen Fresken, die über den Türen der ver-

18 ‚Logo' eines Bordells oder einer Gaststätte: Phallus-Abbildung mit der Beischrift hic habitat felicitas, „hier wohnt das Glück"

schlagartig wirkenden cellae des Untergeschosses angebracht waren. Sie stellen Koitus-Szenen auf bequemen, mit Decken und Kissen reichlich gepolsterten Liegen in Girlanden geschmückten Räumen dar. Eine irreführende Werbung, insofern sie den im Korridor wartenden Besuchern erotische Wonnen vorgaukelte, die ihnen in den Schmuddel-Apartments sicher nicht zuteil wurden! Das wurde spätestens dann klar, wenn sich die Tür oder der Vorhang öffnete und das occupata- („besetzt"-) Schild abgenommen wurde.[31] Ein Blick auf den auch als stabulum („Stall") bezeichneten Arbeitsplatz der Dirne ließ alle Illusionen verfliegen, die zuvor durch die Malerei aufgebaut worden waren – oder auch durch eine plastische Werbepoesie: So lockte ein Bordell die Kundschaft mit der Darstellung eines Phallus und der Beischrift hic habitat felicitas („hier wohnt das Glück") an.[32]

Vorsicht Freudenhaus!

Du hast doch wohl nicht Lust,
dich hinein zu drängen zu dem Hurenpack,
zu Bäckermetzen, Abschaum aus der Mühle, zu den gemeinen
schmutzigen Sklavenliebchen mit dem üblen Duft,
die nach ihrem Standort, nach Stall und Latrine, riechen,
die nie ein freier Mann berührt noch mit sich nimmt,
Zweipfennigshuren, schmutzger Sklaven Zeitvertreib.

Plautus, Poenulus 265 ff. (Ü: W. Binder/W. Ludwig)

Verführerisches Outfit, laszive Gesten

Die direkte Form der Kundenwerbung war bei Dunkelheit nur begrenzt zu praktizieren. Sie bestand darin, dass sich die Frauen vor ihren Kammern und auch vor den Bordellen in bunter, aufreizender Kleidung zur Schau stellten: Kurze Tuniken, durchsichtige Gewänder, grell geschminkte Gesichter, schweres Parfum, Fußkettchen oder Goldringe an den Fußknöcheln[33], viel nackte Haut, oft nur „ein Hauch von Kleid" (*ventus textilis*)[34], mitunter gänzlich nackt[35] – so standen sie draußen oder saßen auf einem Stuhl, um sich begutachten zu lassen und potenzielle Kunden mit eindeutigen Gesten anzulocken. *proseda*, „Davorsitzerin", oder *prostibula*, „die vor dem Stall" (*stabulum* als Begriff für ein schäbiges Bordell), waren von dieser charakteristischen Form der ‚Fleischbeschau' abgeleitete Bezeichnungen für Bordelldirnen.[36]

Auch Dirnen, die über einen festen Arbeitsplatz im Bordell oder eine *cella meretricia* verfügten, die mit separatem Eingang in ein Wohnhaus integriert war – eine Einliegerwohnung für käuflichen Sex gewissermaßen[37] –, beschränkten sich in ihrer Kundenwerbung nicht notwendigerweise auf den Bürgersteig vor ihrem Apartment, sondern verlegten die Kontaktaufnahme an stark frequentierte Plätze. Stätten der Massenunterhaltung wie Theater, Stadion, Thermen und Circus waren ebenso beliebte Anbahnungszonen[38] wie Säulenhallen, Foren und Tempel.[39] Herausfordernde Blicke gehörten zu den professionellen Verführungskünsten der Huren[40], aber auch die Fähigkeit, „ihren bebenden Hintern zu schwenken" – und das mitunter sogar „von keiner Tunika bedeckt" –, „mit den Schenkeln zu wackeln und die Hüften zu wiegen"[41] und gelegentlich interessierten Männeraugen sogar die nackten Brüste darzubieten.[42] Hatte die Werbung Erfolg und war man sich über den Preis einig geworden, so nahm die Prostituierte den Mann mit in ihre *cella*.

Ambulante ‚Direktwerbung' dieser Art dürfte bei Dunkelheit die Ausnahme gewesen sein. Wohl aber ist gut vorstellbar, dass das *prosedere* und *prostare* unmittelbar vor dem Arbeitsplatz in Verbindung mit lasziven Gesten und offenherzigen Einblicken auch bei Nacht im Scheine einer Laterne üblich waren. Manche Bordellbesucher waren aber offenbar nicht sehr wählerisch. Ihnen reichte ein flüchtiger Blick auf die leicht geschürzte ‚Anbieterin' in ihrer Kammer; als Stimulans kam häufig ein einladender Künstlername hinzu: Suavis, „die Süße", Spes, „die Hoffnung", Faustilla, „Glückssternchen", Optata, „die Ersehnte" oder pikanterweise auch Parthenope, „die Jungfräuliche". Diese Künstlernamen waren wohl auf die Tür oder Frontwand der Kammer geschrieben, aus der heraus die sprachlich so Beworbene dem hineinschauenden Kunden zulächelte.[43] Ob Werbepoesie oder nicht, mancher unschlüssige Freier ließ sich doch von einem Namen beeinflussen, der ihn in besonderer Weise ansprach – eine Entscheidungshilfe sicher für die Kunden, die sich freiwillig oder ahnungslos von ‚Agenten' oder Schleppern in ein Etablissement geleiten ließen, wo „sich zwischen Namensschildern ein paar Huren im Negligé herumdrückten".[44]

Die ‚sündige Meile' des antiken Rom

Für ‚Laufkundschaft' bedeutete die Dunkelheit eine Erschwernis, die Richtige zu finden. Stammkunden hatten es da leichter. Sie wussten, wo sie ihre Favoritin antrafen – sei es im regulären Bordell, sei es in einer etwas unverfänglicheren Privatwohnung, wo dann „der Kiesel (...) das geschlossene Fenster (trifft), geschleudert von frecher Jugend", und sich nachts „die Angel der Tür leicht und häufig dreht".[45]

Der Stadtteil, in dem sich nachts so manche Türangel unablässig drehte, war die dicht bevölkerte Subura. Ein Viertel, in dem vor allem kleine Leute lebten, Tagelöhner und Handwerker, und das für sein reges Nachtleben bekannt war. Kaum ein Hauptstädter hätte gezögert, den modernen Begriff des Rotlicht-Viertels auf die Subura mit ihrer relativ hohen Dichte an Bordellen, Kneipen, Absteigen und Dirnenwohnungen anzuwenden. Sexualberatung à la Martial verbindet sich eng mit diesem Stadtteil: Neulinge ohne sexuelle Erfahrung kann man getrost „der Meisterin aus der Subura" anvertrauen: „Sie wird dich zum Mann machen."[46] Gleich am Eingang zur Subura sitzt, weiß er, eine Friseuse, die freilich „nicht schert, sondern abrubbelt".[47] Was Wunder, dass „die Mädchen, wie sie mitten in der Subura sitzen, nicht den allerbesten Ruf genießen"[48] und eine Telethusa, „bekannt unter den Mädchen der Subura", so gute Geschäfte macht, dass sie sich von ihrem Zuhälter-Eigentümer freikaufen kann?[49]

Gewiss war die Subura kein Pendant zu heutigen ‚sündigen Meilen' wie etwa St. Pauli – dazu war die Rotlicht-‚Szene' im antiken Rom zu stark dezentralisiert und die einzelnen Etablissements lagen nicht in so direkter Reihung beieinander, wie es in modernen Amüsiervierteln der Fall ist. Gleichwohl war dort nachts viel los; die „kochende Subura" (*fervens Subura*) war auch nachts eine, um im Bilde zu bleiben, ‚heiße *location*', die normale Nachtschwärmer und speziell Sex-Besucher auch aus anderen Stadtteilen anzog – den „ehebrecherischen Greis" ebenso wie den sexuell reichlich devianten Nanneius, den „die schamlose Leda sieht, (einlässt) und dann den Puff schließt".[50] Nicht umsonst lässt Livius Rowdys schon im 5. Jahrhundert v. Chr. in der nächtlichen Subura randalieren[51], und nicht umsonst nennt Properz das Viertel *vigilax*, „stets wach", „unentwegt geschäftig" – und zwar im Zusammenhang mit nächtlichen amourösen Eskapaden.[52]

Käuflicher Sex in Gaststätten und Hotels

Nicht alle ‚Schuppen' (das verächtliche *stabulum*, „Stall", erinnert an diesen umgangssprachlichen Begriff im Deutschen) dort und anderswo waren klassische Schlicht-Bordelle wie das von der „kaiserlichen Hure" Messalina genutzte oder das oben beschriebene *lupanar* in Pompeji, wo sexuelles Amüsement ganz im Vordergrund stand. Häufig hatten auch Gasthäuser und Kneipen käuflichen Sex in ihrem Unterhaltungsangebot. Wer wollte – und zahlte –, konnte zu oder nach dem Weingenuss beim Wirt ein Mädchen für das Hinterzimmer bestellen; hier und da brachten ihn Animierdamen auf den Geschmack. Beim „Hurenwirt" (*leno*) war willkommen, „wer was zu geben hat" – einschließlich jeder Art von Gesindel, wie ein Sklave in einer Komödie aufstöhnt, vom Ritter über den Freigelassenen bis zum Entlaufenen, Dieb und zum Kettensklaven: „Im ganzen Hause Finsternis und Dunkelheit. Da wird getrunken und gegessen wie in der Kneipe, nicht anders" – und natürlich, die Berufsbezeichnung verrät es, ausgiebig gehurt.[53]

Kein Zweifel angesichts zahlreicher Quellenzeugnisse: Gasthäuser gehörten aus der Sicht der Oberschicht zu Recht zum Bereich der *infamia*. Denn sie stellten üblicherweise ein Komplettservice-Angebot von *voluptas* („Vergnügen", „Genuss") bereit, bei dem käuflicher Sex inbegriffen war. Bordelle und Kneipen stellt Seneca unterschiedslos in einem Atemzug zusammen als „Platz und Heimstatt des Vergnügens". Ein spätantiker Grammatiker zählt Kneipen mit großer Selbstverständlichkeit zu den Orten, „an denen man Huren und Verlockungen zur Wollust" finde.[54] Und woran denkt der zum Gutsverwalter aufgestiegene, aber notwendigerweise aufs Land versetzte Sklave sehnsüchtig zurück? Horaz ist sich sicher: „Ans Bordell und an das von Fett triefende Wirtshaus (...), die nahe Kneipe und die willige (*meretrix*) Flötenspielerin."[55] Auf engem Raum stehen auch hier die Verlockungen des Großstadtlebens zusammen, wobei leibliche Genüsse unterschiedlicher Art sehr eng aneinander gerückt werden. Die Auswechselbarkeit oder besser die Allgegenwart *aller* dieser Genüsse wird als offensichtlich vorausgesetzt.

Der Gesetzgeber sah das genauso – und ermunterte dadurch indirekt auch seriöse Wirte, ihr Dienstleistungsangebot in Richtung Sex zu diversifizieren. Denn er definierte Gasthäuser wie Bordelle gleichermaßen als *loci inhonesti*, „unanständige Orte"[56], und stellte alle Betreiberinnen und Betreiber gastronomischer Betriebe unter den Generalverdacht, „unter dem Deckmantel der Schankwirtschaft Prostituierte zu beschäftigen".[57] Wurde eine Sklavin unter der Bedingung verkauft, dass sie von ihrem neuen Eigentümer nicht zur Prostitution gezwungen werden durfte, so schloss das ihre Beschäftigung als Bedienung im Wirtshaus aus – die juristische Antwort auf einen Umgehungstatbestand, der sonst nahe gelegen hätte.[58] Die Wirtinnen selbst standen unter dem gleichen Verdacht wie ihre Kellnerinnen, Musikantinnen und Zimmermädchen. Erst Kaiser Konstantin verfügte ihre Rehabilitierung – aber nur unter der Voraussetzung, dass sie die Gäste nicht selbst bedienten.[59]

Ist der Ruf erst ruiniert (und das Ganze dann auch noch juristisch betoniert) ... – darf man da überhaupt annehmen, dass es auch Gaststätten und Herbergen außerhalb des Rotlicht-Ambientes gegeben hat? Sicher ja. So erdrückend ist das einschlägige Quellenmaterial keineswegs, dass man vermuten dürfte, die Zeitgenossen hätten käufliche Liebe mit jedem Wirtshausschild assoziiert. Es hat, wie auch die Ergebnisse der archäologischen Forschung nahe legen, genügend *loci inhonesti* gegeben, die in Sachen (fehlender) Prostitution durchaus *honesti* waren.

19 Beischlaf-Szene mit der Beischrift *lente impelle*, „stoß langsam"

„Wer grämt sich um morgen?"

Aber es gab natürlich auch viele andere Etablissements, die ihren Gästen durchaus sexuelle Dienstleistungen anboten und dafür Hinterzimmer oder Kammern im ersten Stock bereitstellten. Eine Reihe pompejanischer Graffiti macht uns mit Kellnerinnen bekannt, die mit großer Wahrscheinlichkeit im Rahmen ihres Dienstverhältnisses – in der Regel als Sklavinnen – Sex-Service erbrachten: Eine als „mit gutem Hintern" (*culibonia*) beschriebene Matrena ebenso wie eine „trinkgierige" (*sitifera*) Pamhira und andere Mädchen mit wohlklingenden, aber weniger anzüglichen Namen.[60]

In immerhin drei *cauponae* („Schänken") Pompejis haben sich erotische Fresken gefunden, die deutlich auf stimulierende Wirkung abzielten. So etwa eine Beischlafszene mit der passenden Beischrift *lente impelle!* („stoß langsam!") in einem Haus mit dem vielleicht nicht ganz so passenden modernen Namen „Preußenkönig".[61] Oder ein Bild, das ein kopulierendes Seiltänzer-Paar zeigt, wobei beide einen großen Becher Rotwein in der Hand halten – Wandschmuck einer Gaststätte in der Via di Mercurio.[62] Und schließlich das Marmorrelief eines Paares mit „reitender" Position der Frau, das die *caupona* eines gewissen Lucius Numisius und seiner Frau Cesernina schmückte.[63]

Stimulierende Bilder und Plastiken waren das eine, Live-Auftritte von Musikantinnen und Tänzerinnen das andere. Die Quellen gewähren uns nur einen flüchtigen Einblick in dieses Milieu, dem man gegenüber der Bordell-Prostitution ein höheres Niveau attestieren kann – und zwar in Gestalt der Werbepoesie der pseudo-vergilischen

20 Marmorrelief eines Paares beim Koitus in der Stellung der Venus pendula; Pompeji

Copa („Gastwirtin"). Sie selbst tanzt verführerisch mit Kastagnettenbegleitung vor ihrer Gastwirtschaft, lasziv und „vom Becher erhitzt", um Kunden anzulocken, und wirbt für ihre Gottheiten Ceres (Speisen), Bromius (Wein) und Amor (Liebe). „Nippe, Jüngling, den Kuss von den blühenden Lippen des Mädchens; gönn' es den Greisen, die Stirn mürrisch in Falten zu ziehn!" Lebensgenuss im Wirtshaus, Erotik inklusive – das ist die Botschaft der Syrisca: „Wer grämt sich um morgen? Im Nacken steht uns der Tod und ‚Lebt!', raunt er, ‚ich bleibe nicht aus!'"[64] Und viele Römer gaben ihr Recht – wenn auch sicher nicht in so elaborierter Weise wie in dieser dichterisch-popularphilosophischen Paränese.

Hotelnächte mit Sonderservice

Das prosaische Gegenstück zu dieser verlockenden Einladung ist die nüchterne Gasthaus-Abrechnung zwischen einem Wirt und seinem Gast aus dem mittelitalischen Städtchen Aesernia. Eine Inschrift mit dem Relief zweier Männer, das heute im Louvre steht, lässt uns den ganz normalen ‚Komplettservice' eines Übernachtungsbetriebs in Gestalt des folgenden Dialogs miterleben:

Gast: Wirt, lass uns abrechnen!
Wirt: Ein Sextarius Wein, Brot: 1 As, Zukost: 2 As.
Gast: In Ordnung!
Wirt: Das Mädchen: 8 As.
Gast: Auch in Ordnung!
Wirt: Heu für das Maultier: 2 As.
Gast: Ach, dieses Maultier treibt mich noch in den Ruin!

Ein Witzbold, dem das nächtliche Sexabenteuer im Hotel die acht As wert gewesen ist, den aber die Verpflegung des Maultieres, gerade einmal ein Viertel dieser Kosten, scheinbar in den Konkurs treibt! Der Mann hatte Humor; denn die Textsorte, in die er diese bemerkenswerte Abrechnung einflicht, wird landläufig nicht mit solchen Dialogen in Verbindung gebracht: Es ist die Inschrift für sein Grab, das er freilich schon zu Lebzeiten hat bauen lassen. Sein Name ist anscheinend Programm: Er hieß Lucius Calidius Eroticus. Und selbst seine Frau, für die das Grab ebenfalls ausdrücklich bestimmt war, dürfte

21 Grabrelief des Lucius Calidus Eroticus aus Aesernia

Verständnis für die bizarre Inschrift gehabt haben. Immerhin trug sie den Namen Fannia Voluptas – auf Deutsch „Fannia Genuss" oder „Fannia Vergnügen".[65]

Ob es sich angesichts dieser sprechenden Namen wirklich um ein authentisches Grabmal gehandelt hat? Man hat da so seine Zweifel ...

Keine Zweifel braucht man indes hinsichtlich jener Normalität zu haben, die in der ‚Abrechnung' angesprochen wird: Gegen ein entsprechendes Aufgeld waren viele Hoteliers bereit, ihren Übernachtungsgästen ein Mädchen aufs Zimmer zu schicken. Dieser Service war sicher verlässlicher, als wenn der Gast selbst eine Schöne ansprach und sie in sein Hotelzimmer einlud. Pech für ihn, wenn er wie einst Horaz auf seiner Reise nach Brindisi bis Mitternacht vergebens auf eine *mendax puella* („ein lügnerisches Mädchen") warten und die

Enttäuschung mit „unsauberen Träumen" kompensieren musste, „die Nachtkleidung und Leib befleckten".⁶⁶

Das Geschäft mit der Kombination von Abendunterhaltung mit Wein, Würfelspiel, Musik und willigen Serviermädchen einerseits und Nachtquartier für Reisende andererseits war offenbar lukrativ. Zumindest an den großen Verkehrsadern des Römischen Reiches, den viel befahrenen und noch stärker begangenen Überlandstraßen, wurde dieses Angebot gern angenommen. So erklärt es sich, dass in Fachbüchern zu diesem Investment geraten wurde. Der Architekturschriftsteller Vitruv empfiehlt Großgrundbesitzern, ihren Höfen „Herbergen mit Stallungen und Wirtshäuser" (stabula; tabernae) anzugliedern.⁶⁷ Auch für Varro steht außer Zweifel, dass der Großagrarier damit viel Geld verdienen kann. „Wenn das Land dicht an der Straße und günstig für die Reisenden liegt", rät er den Lesern seines Werkes über die Landwirtschaft, „sollen dort tabernae deversoriae gebaut werden" – Herbergen mit Schankbetrieb, die fructuosae sind, „ertragreich" – nicht zuletzt wegen ihres abendlichen und nächtlichen Unterhaltungsangebots.⁶⁸

Callgirls, Kuppler und Kunden

Die Herren der feinen Gesellschaft mussten sich nicht in schäbige Bordelle oder gar auf den ‚Straßenstrich' begeben, wenn sie die Dienste eines käuflichen Mädchens in Anspruch nehmen wollten. Sie ließen es in ihre Wohnung kommen und mieteten es für eine Nacht – gelegentlich auch schon einmal zwei: „Fragst du, wie wir verteilt: Zwischen den beiden lag ich."⁶⁹

Wilde ‚Sex-Partys', bei denen man eine einzige Prostituierte für eine ganze Männerrunde engagierte, dürften die Ausnahme gewesen sein. Ein Gedicht aus dem Reigen der überaus freizügigen Carmina Priapea beschreibt eine solche Situation: Zu einem Priapus-Fest zu Ehren des „geilen Gottes" wird ein Mädchen bestellt, „damit es jedermann zur Genüge gehörig sei" – auftragsgemäß „schafft sie zahlreiche Männer in einer Nacht".⁷⁰

Im Normalfall brauchte sich das Callgirl nur um einen Kunden zu kümmern. Das Geschäftliche wurde in vielen Fällen über einen

"Kuppler" bzw. eine "Kupplerin" (*leno; lena*) abgewickelt. Der Begriff ist missverständlich. Er bezeichnet Sklavenhalter, die ihre unfreien Dirnen auf eine bestimmte Zeit, in der Regel für eine Nacht, vermieteten. Diese übel beleumundeten, geldgierigen, von ihren eigenen Kunden oft genug verwünschten[71] Unternehmer betrieben das, was man heute als "Callgirl-Ring" oder "Begleitagentur" (*escort service*) bezeichnet.

Im Unterschied zu den Bordellbesitzern bedienten sie das obere Marktsegment. Ihre Kunden waren anspruchsvoller und gaben sich mit einfachen Straßenmädchen nicht zufrieden. Die Damen, die der *leno* im Angebot hatte, sollten nach Möglichkeit singen, tanzen und musizieren können und zumindest über etwas Bildungstünche verfügen. Wichtiger noch: Sie mussten eine verführerische Atmosphäre schaffen, professionell flirten und ihren Liebhaber umschmeicheln können. Nicht ‚Instant-Sex' mit schneller Triebbefriedigung war gefragt, sondern der Aufbau einer erotischen Spannung mit Rundum-Verwöhnung. Schmachtende Blicke, zärtliche Liebesworte, Küsse und Umarmungen waren für manch einen Kunden genauso wichtig wie der Geschlechtsverkehr am Ende des Abends. Manche Männer wollten sich einfach einmal anhimmeln lassen – und das ließen sie sich eine Menge kosten.

Andererseits bestanden manche Freier darauf, sich die vereinbarten und bezahlten Leistungen geradezu vertraglich zusichern zu lassen. In der Plautus-Komödie *Asinaria* entrichtet der junge Diabolus eine Jahresmiete für ein Mädchen. Dafür „muss sie Tag und Nacht hindurch sein eigen sein", darf keine Briefe von anderen empfangen, niemanden zu Gast laden und bei den von Diabolus ausgerichteten Partys nur auf ihn schauen, nur von seinem Wein trinken, niemandem die Hand reichen oder gar mit dem Fuß berühren. Selbst zuprosten darf sie nur ihm – und schon gar nicht „einem anderen Mann zunicken, winken oder zublinzeln", schließlich darf sie sich in komischer Überspitzung nur an Göttinnen um Beistand wenden, nie an Götter. Auch bei sexuellen Leistungen lässt der Pakt zwischen Zuhälter und Kunde keine Interpretationsspielräume: „Wenn je sie sich einmal rein halten will, so soll sie dir später ebenso viele schmutzige Nächte (*noctes spurcas*) geben, wie sie sich rein gehalten hat."[72]

So formuliert zumindest der Vertraute des Diabolus das Vertragswerk, mit dem man den *leno* zur Einhaltung seiner Versprechen zwingen will. Diabolus ist begeistert. Nur bei einem Passus legt er sein Veto ein: „Wenn die Lampe gelöscht ist, soll sie kein Glied bewegen in der Dunkelheit." „Das nimm raus", weist er seinen Freund an, „es liegt mir durchaus daran, dass sie sich bewegt ..."[73]

Natürlich darf man solche – zudem im griechischen Milieu spielenden – Komödienszenen nicht mit der Realität in Rom gleichsetzen. Es ist aber durchaus wahrscheinlich, dass nicht zuletzt über die Vermittlung der Komödie auch das griechische Hetärenwesen allmählich in Rom Eingang gefunden hat. So nannte man mit dem euphemistischen Begriff „Gefährtin" die Prostituierten der gehobenen Kategorie, die sich auf mehr als nur sexuelle Dienstleistungen verstanden. Wenn das *graecari*, „leben wie die Griechen", in manchen Bereichen des Geschmacks und des Lebensstils vor allem der Oberschicht zunehmend Anhänger fand, wieso hätte ausgerechnet die Sitte der für eine Nacht oder länger käuflichen „Gefährtinnen" vor einer römischen Moralität Halt machen sollen, die die Prostitution ja als gesellschaftliche Normalität akzeptierte?

Das stand um so weniger zu erwarten, als ja auch die Sitte des griechischen Symposions seit dem 3. Jahrhundert v. Chr. in Rom zunehmend Anhänger fand. Das war, zahllose Vasenbilder dokumentieren es, *der* Ort griechischen Nachtlebens, an dem Hetären in aller Regel zu finden waren. Und wenn sich spätestens seit 187 v. Chr. der *Graecus*

Verführerinnen mit Laufsteg-Ambitionen

– Was hat sie denn an? (...)
– Ein Impluvium-Kleid, wie sie es jetzt nennen. (...)
– Und dann die, die neue Namen jedes Jahr
erfinden für die Kleider: Florkleid, Dichtgeweb,
Schnee-Linnen, safrangelber und geblümter Stoff,
Chemisette, Jacke, Robe skandalösen Schnitts,
dachsfarbig, wachsgelb, wasserblau, mit Stickerei,
und was noch mehr so Possen sind.

Plautus, Epidicus 223 ff. (Ü: W. Binder/W. Ludwig)

mos („griechische Sitte") durchsetzte, Zither-, Harfen- und Flötenspielerinnen von recht fragwürdigem Ruf bei nächtlichen Gelagen aufspielen zu lassen[74], dann war der Schritt nicht weit, auch eine Delia, eine Lais oder eine Thais, wie sie die Bankette der Komödie bevölkerten, am realen römischen Leben teilhaben zu lassen.

Diese ‚Damen' grenzten sich im Übrigen sehr bewusst von einfachen Bordelldirnen ab.[75] Sie verkehrten in ‚besseren' Kreisen; das stärkte das Selbstwertgefühl und verpflichtete auch zu besserer Körperpflege und kultiviertem Aussehen. „Herausgeputzt, geschmückt, mit Gold behängt, charmant, chic und modern"[76] – so traten sie bei den Partys auf, zu denen sie eingeladen wurden. Sie kreierten sogar, wenn man Plautus glauben darf, eine Hetären-Mode mit jährlich wechselnden Tunika-Schnitten und -Farben – nur kurz musste das „Kleidchen" sein.

„Freundinnen" für mehr als eine Nacht

Noch eine Stufe höher auf der inoffiziellen Rangliste der Dirnen standen den Edel-Prostituierte, die sich als *amicae*, „Freundinnen", ansprechen und nicht mit Dirnenlohn bezahlen, sondern mit „Geschenken" verwöhnen ließen. Diesen klassischen Kurtisanen haben die römischen Liebesdichter in ihren Elegien ein unsterbliches Denkmal gesetzt – ihren „Herrinnen" (*dominae*), denen sie leidenschaftliche Liebe und glühende Verehrung entgegenbrachten, die aber ihrerseits materielle ‚Anerkennungen' für ihre ‚Freundschaft' poetischer Belohnung allemal vorzogen: „Gedichte lobt man, aber große Geschenke will man haben."[77]

Die Damen hatten freilich auch einiges zu bieten. Sie waren musisch gebildet, verströmten Esprit und Charme und verstanden es, ihr „holdes Lächeln mit holdem Geplauder" zu verbinden.[78] Das eigentliche Erfolgsgeheimnis einer Hetäre sei die Anmut und Attraktivität ihres Lächelns, lässt Lukian eine erfahrene Kurtisane einer jungen Kollegin raten.[79] Aber natürlich musste auch das Äußere stimmen: Sorgfältiges Make-up, teure orientalische Parfums und aufreizende Kleidung, die durch verführerischen Gang und anmutige Gesten unterstrichen wurde. Besonders beliebt waren sehr transparente, Figur betonende Gewänder aus koischer Seide (*Coae vestes*). Moralisierenden Griesgramen wie Seneca und Plinius missfielen sie, weil „an ihnen nichts ist, womit man den Körper oder das Schamgefühl schützen kann"[80]; die nicht der moralischen Bedenkenträgerfraktion zugehörigen Männer dagegen ließen sich von den Reizen koischer Kleider gern bezaubern.[81]

Die Damen des gehobenen *demi-monde* hatten meist keine ‚Kuppler', Agenten oder Zuhälter, sondern handelten auf eigene Rechnung. Die meisten waren Freigelassene, die das Milieu mitunter schon als Sklavinnen kennen gelernt und sich dann mit Hilfe überdurchschnittlicher *meretriciae artes* („Dirnenkünste") „hochgearbeitet" hatten. Wenn die feine Gesellschaft Roms in der Feriensaison zu ihrem kampanischen *playground* aufbrach und sich das Modebad Baiae mit ebenso vornehmen wie zahlungskräftigen Besuchern füllte, machten sich auch viele Kurtisanen zu den Stränden auf, „die anständigen Mädchen feindlich sind".[82]

Dort, am „goldenen Strand der glücklichen Venus"[83], führten einige der gefragtesten Lebedamen Salons, in die sie ihre „Freunde" einluden. Sie boten ihre Dienste aber auch als *escort service* an, indem sie ihre Kavaliere mit „feurigen Blicken und losen Reden" zu Strandfesten, Dinner-Partys und Bootspartien begleiteten.[84]

Das von Moralisten aller Couleur gescholtene Baiae war indes nicht der einzige Ort, wo Kokotten der Spitzenklasse sich mit ihren Verehrern vergnügten. Auch in Rom gediehen solche Verhältnisse bestens – mehr oder weniger verborgen vor den Blicken einer neugierigen Öffentlichkeit, die indes über manche Liaison durchaus im Bilde war. ‚Freundschaften' führender Politiker mit Damen der gehobenen Halbwelt waren offene Geheimnisse.[85] Die Elegiker bekannten sich ja in ihrer Poesie sogar offensiv zu solchen Beziehungen – freilich hofften sie auf die Dauerhaftigkeit eines echten „Liebesbundes" (*foedus*).[86]

Gerade weil dieses Segment der Prostitution sich meist auf längerfristige ‚Freundschaften' und nicht nur kurze nächtliche Abenteuer bezog, gehört es nur peripher zu unserem Thema Nachtleben – soweit nicht jene „Liebesnächte" der „elegischen Generation" betroffen sind, denen ein eigenes Kapitel gewidmet ist.[87]

Freilich schlugen manche Edelprostituierte, die in einer ‚festen' Bindung lebten, auch gelegentliche Einladungen zu ‚Herrenabenden'

nicht aus. Im ehemaligen Landhaus des Universalgelehrten Varro, das Marc Anton nach Ciceros Worten zu einer „Absteige der Ausschweifungen" (*libidinum deversorium*) hatte verkommen lassen, nahmen auch Prostituierte der Edelklasse an den Orgien teil, bei denen das ehrwürdige Haus „von den Schreien Betrunkener" erzitterte und „der Estrich vor Wein schwamm".[88] Dort trafen sie auf eine ‚Konkurrenz', die ebenfalls Teil der römischen ‚Rotlicht-Szene' war: männliche Prostituierte, *pueri meritorii*, junge Männer, die, wie der Name sagt, sich an zahlende Kunden verdingten (*mereri*, „verdienen"; wie bei *meretrix*, die „Verdienerin", „Hure").[89]

„Lustknaben" gegen Bezahlung

Die zitierte Cicero-Passage über die „heißen Nächte" (und Tage! – „vom frühen Vormittag an wurde gesoffen, gespielt, gekotzt") in Marc Antons ländlichem Lüste-Refugium ist eine der wenigen Stellen in der lateinischen Literatur, an denen homosexuelle Prostitution ausdrücklich erwähnt wird. In der Lebenswirklichkeit führte sie indes nicht so ein Schattendasein wie in den literarischen und juristischen Quellen.[90]

Wohlhabende Männer befriedigten ihre päderastischen Neigungen eher, indem sie halbwüchsige Sexualpartner auf dem Sklavenmarkt suchten. Dort erwarben sie für hohe Summen jene hübschen *pueri delicati*, die sie bei Gelagen als Bedienungen vorführten[91] und die ihnen dann später im Schlafzimmer zu Diensten sein mussten.[92]

Wer sich auf diese Weise „Lustknaben" nicht beschaffen konnte oder wollte, fand ‚Strichjungen' auch überall dort, wo weibliche Prostituierte auf Kunden warteten: in normalen Bordellen[93] ebenso wie in Absteigen und Kneipen. *pueri cauponii*, „Kaschemmen-Jungs", nennt Plautus sie einmal.[94] Sie waren die männlichen Pendants zu all den Serviererinnen, ‚Bardamen' und Gastwirtinnen, die im Haupt- oder Nebenberuf für ihren Arbeitgeber ‚anschafften'. Auch in den Spelunken, die Juvenal zufolge Consul Lateranus nachts frequentierte, scheinen männliche Prostituierte verkehrt zu haben.[95]

Der homosexuelle ‚Straßenstrich' in Rom lag am *vicus Tuscus* in der Nähe des Forums.[96] Vermutlich waren die ‚Tarife' ähnlich niedrig wie bei den Dirnen. In Pompeji jedenfalls bietet sich ein Menander, „von nettem Wesen", für zwei As an. Das Doppelte nimmt der „glückliche" Felix; für Fellatio stellt er einen Aufpreis von einem As, insgesamt also fünf As, in Rechnung.[97] Das sind finanzielle Größenordnungen, die auf eine ausgeprägte Konkurrenzsituation hinweisen; höhere Preise waren offenbar nicht durchzusetzen, weil das Angebot so groß war. An einer geringen Nachfrage hat es angesichts der verbreiteten Bisexualität römischer Männer und in der Kaiserzeit deutlich zunehmender päderastischer Neigungen sicher nicht gelegen.

Ob der römische Staat an den *pueri meritorii* qua Prostitutionssteuer ebenso verdient hat wie an den Dirnen, ist umstritten.[98] Noch umstrittener ist indes die Interpretation zweier pompejanischer Graffiti, die eine weitere Variante römischer Prostitution dokumentieren könnten. Darin werben ein Glyco und ein Maritimus dafür, dass sie für zwei bzw. vier As Cunnilingus-Dienste verrichten.[99] Der Letztere fügt großzügig hinzu, dass er auch „Jungfrauen akzeptiert".

Das sieht denn doch eher nach einem Witzbold aus als nach einem weiblichen Rollentausch gegenüber dem nächtlichen Vergnügen einer Messalina, mit dem wir das Kapitel über die römische Rotlicht-‚Szene' eingeleitet haben.

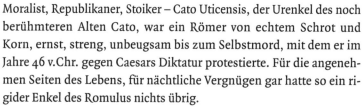

comissatio – Trinkgelage mit (nicht nur) „verrückten Gesetzen"

Ein Säufer im Dienste der Philosophie

Moralist, Republikaner, Stoiker – Cato Uticensis, der Urenkel des noch berühmteren Alten Cato, war ein Römer von echtem Schrot und Korn, ernst, streng, unbeugsam bis zum Selbstmord, mit dem er im Jahre 46 v.Chr. gegen Caesars Diktatur protestierte. Für die angenehmen Seiten des Lebens, für nächtliche Vergnügen gar hatte so ein rigider Enkel des Romulus nichts übrig.

Sollte man meinen. Aber da kam es gelegentlich vor, dass Frühaufsteher im Morgengrauen einem Manne begegneten, der ziemlich hilflos, den Kopf mit einer Kapuze verhüllt, durch die Straßen torkelte. Und dass sie, wenn sie dem von nächtlicher Zecherei Heimkehrenden den Umhang vom Kopf nahmen, schockiert feststellten, dass eben jener strenge Cato ihnen in die Arme gelaufen war – was freilich nicht den stark Betrunkenen erröten ließ, sondern sie selbst: Es war ihnen peinlich, ausgerechnet ihn erwischt zu haben. Eher fühlten sie sich selbst ertappt. „Konnte sich Catos Autorität stärker auswirken, als dass er sogar im Rausch so verehrungswürdig war?", kommentiert der Jüngere Plinius die merkwürdig verkehrte Welt.[1]

Enthüllt hatte diese dunkle Seite von Catos Lebenswandel übrigens kein Geringerer als Caesar. Die Stilisierung Catos zum republikanischen Heros und die nach seinem Freitod schnell einsetzende Legendenbildung, die ihn – unter tätiger Mithilfe auch Ciceros – zum politischen Märtyrer, tugendhaften Vorzeige-Stoiker, zum römischen

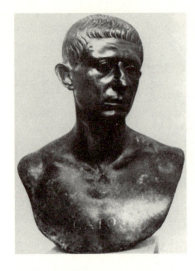

22 Nachts nicht immer nüchtern: Cato Uticensis

Sokrates geradezu verklärte, ärgerte Caesar. Er griff deshalb in den publizistischen Streit mit einem wenig schmeichelhaften Pamphlet ein, das den programmatischen Titel *Anticato* trug und, wie in Rom durchaus üblich, auch unter die Gürtellinie zielte. Aber Cato konnte sich auf seine publizistischen Nachlassverwalter verlassen: Der „alte Säufer" – so Bert Brecht respektlos in seinen „Geschäften des Herrn Julius Caesar" – ließ sich zwar nicht wegdiskutieren; dazu war das Faible in einer so klatschsüchtigen Stadt wie Rom[2] allzu bekannt. Es gab indes Interpretationsspielräume, die man zugunsten des ansonsten so Untadeligen nutzen konnte.

So macht Plinius aus der Not eine Tugend, indem er wie gesehen das „Trotzdem" betont. Plutarch lässt in seiner Cato-Biographie dessen Freunde ausführlich zu Wort kommen: Ja, es sei schon so gewesen, dass er „sich mit der Zeit stärker dem Trinken hingab und oft noch beim Wein saß, wenn der Morgen graute". Entscheidend sei aber die Atmosphäre gewesen, in der dieses Zechen stattgefunden habe. Im Grunde sei es nur ein Mittel zum Zweck gewesen: Tagsüber hätten Politik und Dienst am Staate Cato vollauf in Anspruch genommen; für Wissenschaft und gelehrte Gespräche sei da keine Zeit gewesen. „So musste er des Nachts beim Trunk mit den Philosophen diskutieren."[3]

Kein einsamer Säufer also, sondern ein *social drinker*, den der Wein nur zum nachdenklichen, angeregten Gedankenaustausch inspirierte! Und damit entsprach er doch eigentlich schon wieder ganz der Norm der Oberschicht – nicht weit entfernt vom Ideal des Symposions, des „gemeinsamen Trinkens", bei dem gepflegte Unterhaltung im Mittelpunkt stehen sollte – und nicht das Weintrinken. Wenn nur die Becher etwas kleiner oder weniger voll gewesen wären …

Fortsetzung des Gastmahls unter der Regie des Bacchus

Die Römer nannten dieses gesellige abendliche und nächtliche Trinkgelage *comissatio*. Der Begriff ist vom griechischen *komos*, „Gelage", „fröhlicher Umzug", abgeleitet.⁴ Auch die Sache selbst ist griechischen Ursprungs; allerdings schlossen die Griechen beim *symposion* („gemeinsames Trinken") das gemeinsame Essen mit ein. In Rom trennte man die *cena*, die Hauptmahlzeit, stärker von der *comissatio*. Die *cena* begann bereits am Nachmittag; je nach Gelegenheit, Repräsentationsbedürfnis des Gastgebers und Verabredung mit den Gästen zog sie sich über Stunden hin und ging dann häufig ohne scharfe Trennung in die *comissatio* über. Es gab aber auch *cenae* ohne anschließendes Trinkgelage. In der Regel blieb die Gästerunde identisch. Allerdings war es nicht ungewöhnlich, dass neue Gäste zum Gelage dazustießen, die von zu Hause oder von einer anderen *cena* kamen und eine Fortsetzung des Feierns suchten.

So platzt der Steinmetz Habinnas mit großem Gefolge, darunter seine Frau Scintilla, in die legendäre Tischgesellschaft Trimalchios. Schon heftig betrunken, mit etlichen Kränzen geschmückt und von Salben triefend, gibt er ausführlich die Speisekarte des „feudalen Leichenschmauses" zum Besten, von dem er gerade kommt. Er wird als *comissator* in der neuen Runde willkommen geheißen. Bleiben will er aber nur, wenn auch Trimalchios Frau am weiteren Gelage teilnimmt, „sonst verdrück' ich mich".⁵

Das Tafeln als erste Phase eines Gastmahls (*convivium*) diente auch dazu, den Trinkern eine gute Grundlage für den folgenden, in der Regel erheblichen Weinkonsum zu verschaffen. Allerdings wurde, wie das Beispiel des Habinnas zeigt, durchaus schon zum Essen Wein getrunken; meist aber wohl moderater als beim Gelage. Als Scharnier zwischen *cena* und *comissatio* diente der Nachtisch (*secundae mensae*). Natürlich konnten sich die Gäste auch während des Zechens Kleinigkeiten zu essen reichen lassen; der große Ess-Apparat aber wurde zu Beginn der *comissatio* beiseite geräumt und der Boden gereinigt.⁶

Die Gäste wuschen sich die Hände ab – oder ließen das vom Personal eines besonders aufmerksamen Gastgebers besorgen. Sie blieben auf den Speisesofas (*lecti*) an den Plätzen liegen, die sie zuvor schon eingenommen hatten. Bequemlichkeit und legere Kleidung gehörten bereits zur *cena*; insofern gab es keinen demonstrativen Übergang zum ‚gemütlichen Teil' des Abends. In gewisser Weise markierten das Umhängen von Kränzen und das Einsalben mit wohlriechenden Essenzen den ‚offiziellen' Beginn des Trinkgelages.

Blütenkränze und Salben

Üblicherweise legte man sich Efeu-, Eppich- oder Myrtenkränze (*coronae convivales*), in die Blüten von Veilchen, Lilien und vor allem Rosen eingebunden waren, um den Kopf. *cum regnat rosa*, „wenn die Rose regiert", war geradezu ein Synonym für ein Trinkgelage; *potantem in rosa*, „einen inmitten von Rosenschmuck Zechenden", nennt Cicero einen stadtbekannten Lebemann.[7]

Die aus Griechenland übernommenen *coronae convivales* galten – so wie der Wein selbst – als Ausdruck von Wohlgefühl und Lebensfreude und als Symbole des Lebensgenusses, an denen sich zu erfreuen Horaz auffordert, „solange Glück und Jugend und der Parzen düsterer Faden es noch erlaubt".[8] Man sagte ihnen darüber hinaus eine willkommene Wirkung als Schutz vor Kopfschmerzen und Alkohol-‚Kater' nach: Dionysos, der ‚Erfinder' des Weines, habe sich seinen Jüngern gegenüber auch als „Beschützer vor den von ihm verursachten Nachteilen" verpflichtet gefühlt.[9]

Mit Kränzen werden oft in einem Atemzug Salben (*unguenta*) genannt, mit denen man sich Hände, Gesicht, Bart und vor allem die Haare einrieb, bis sie vor wohlriechendem Öl geradezu trieften und „beim Wein die kranzumflochtenen Locken hell von syrischer Salbe schimmerten".[10] Freilich hatten die Salben über den Genuss signalisierenden Wohlgeruch hinaus auch eine sehr pragmatische Funktion: Wenn man zu dritt auf den Klinen lag, kräftig pokulierte und die Körper sich erwärmten, halfen sie dabei, den „stinkenden Bock" im Griff zu halten, der sich sonst beim allzu trauten, engen Beisammenliegen zu melden drohte.[11]

Normalerweise teilten Sklaven die Kränze und Salben an die Gäste aus. Nicht so bei Gastgebern wie dem neureichen Trimalchio, die diesen Auftakt zum Trinkgelage als Showeinlage inszenierten: Die De-

Trinkgelage im Freien

Komm, lass uns sorglos unter der ragenden
Platane lagern, unter der Fichte hier,
und zechen, weil's noch geht, die grauen
Locken mit Rosen bekränzt und duftend
von syrischem Balsam! Nagende Sorgen, sie
zerstreut uns Bacchus.

Horaz, carmina II 11, 13 ff. (Ü: H. Färber)

cke beginnt zu knarren, der Speisesaal erbebt, die Gäste schauen ängstlich nach oben, „da teilt sich die Decke, und plötzlich sinkt ein gewaltiger Reifen herab, an dessen Rundung entlang goldene Kränze mit Parfümflakons hingen".[12]

Blumenkränze, Salben und Wein – die Trias der Lebensfreude lässt schon erkennen, wie wenig das Trinkgelage mit dem Klischee vom ernsten, würdevollen Römer vereinbar ist. Tatsächlich tauchte man hier in eine möglichst entspannte Freizeitwelt ein, von der die vielen *negotia* und *officia* des Tages, der Stress der „Aufgaben und Verpflichtungen", ausgeschlossen blieben, ebenso die Sorgen und Kümmernisse, die einem auf der Seele lasteten. Bacchus wurde als Lyaeus verehrt, als „Sorgenlöser" und „Spender von Fröhlichkeit" (*laetitiae dator*).[13] „Nagende Sorgen zerstreut uns Bacchus", rühmt Horaz den „Schutzgott" der *comissatio*, und auch bei Liebeskummer dient er als *medicina curarum*, „Arznei gegen Sorgen".[14]

Der Trinkkönig als Hüter des Frohsinns

Das Trinkgelage galt vielen als *der* Ort des *otium*, der entspannten Muße. Es gibt keine schöneren, stimmungsvolleren Belege dafür als die Trinklieder des Horaz, in denen er seine Freunde zum nächtlichen Trinken einlädt. *hilaritas* heißt das Zauberwort der *comissatio*, „Heiterkeit", „Frohsinn".[15] Selbst Seneca, sonst ein eher skeptischer bis grämlicher Betrachter der „Genuss-Szene", räumt ein, dass sogar der Weise in geselliger Runde dieser *hilaritas* Tribut zollen und etwas mehr Wein trinken sollte, als nötig sei, um den Durst zu löschen –

freilich so, „dass er noch vor der Trunkenheit stehen bleibt".[16] Vielleicht gibt er sich diesen Ruck, weil er an sein stoisches Idol Cato denkt, der ja nach Anbruch der Dunkelheit dazu neigte, die „trübsinnige Nüchternheit" (tristis sobrietas) mit Hilfe des Sorgenlösers Bacchus zu vertreiben.[17] Horaz ergänzt, dass selbst der, dessen „Mund von Sprüchen des Sokrates trieft", in geselliger Weinrunde auftaut, seinen finsteren Ernst aufgibt und seine altrömische Tugend vom Wein zu heiterer Lockerheit erwärmen lässt.[18]

Die Regeln der comissatio trugen das Ihre zu dieser ‚Auftauarbeit', wenn sie denn überhaupt nötig war, bei – jedenfalls dort, wo more Graeco, „nach griechischer Art", pokuliert wurde.[19] Das Grundgesetz hieß aut bibat aut abeat, „entweder trinken oder weggehen".[20] Die nächsten Gesetze erließ der Vorsitzende der Runde, rex oder magister bibendi genannt, „Trinkkönig" bzw. „Trinkleiter". Er wurde durch Akklamation oder – häufiger – durch Würfeln bestimmt.[21] Die ‚Institution' kam aus dem griechischen Raum („Symposiarch"), war aber offenbar schon im 3. Jahrhundert v. Chr. nach Rom übernommen worden. Selbst der Alte Cato, der bärbeißige Ahne des „Säufers", soll an dieser Aufgabe schon Gefallen gefunden haben.[22]

Die vornehmste Pflicht des „Trinkkönigs" war es, das Mischungsverhältnis zwischen Wein und Wasser festzulegen. Außerdem schrieb er die Anzahl der cyathi (Trinkeinheiten à 0,045 l) vor, die jeder in einem Zuge zu leeren hatte. Ungemischten Wein (merum) zu trinken galt in der Antike als barbarisch oder als Indiz für Alkoholismus. Außerdem hätte das die nächtlichen comissationes viel früher beendet. Das ‚Geheimnis' langer Trinkabende bestand in einem Mischungsverhältnis, bei dem sich der Wein dem Wasser deutlich unterordnete. Zwei Teile Wein auf fünf Teile Wasser waren schon ein „kräftiger Trunk"; ein Verhältnis von 1 : 2, 1 : 3 und sogar 1 : 4 zwischen Wein und Wasser war nicht ungewöhnlich. Genaue Angaben dazu finden sich allerdings in der römischen Überlieferung nicht; man darf hier aber wohl zuverlässig aus griechischen Quellen schöpfen.[23] Mit Hilfe eines voluminösen Mischkruges (crater) wurde sichergestellt, dass die Anweisungen des „Trinkkönigs" Beachtung fanden.

Er hatte diktatorische Vollmachten – auch wenn er „verrückte Gesetze" (leges insanae) aufstellte, wie das wohl gar nicht so selten vorkam.[24] Dazu gehörten „Ex!"-Befehle, die sich wohl meist auf zwei

23 Silberne Schöpfgefäße (cyathi) aus Boscoreale

oder vier cyathi (0,09 bzw. 0,18 l) bezogen. Sechs cyathi, also ein guter Viertelliter, waren schon eine ordentliche Herausforderung.[25] Dass ein sextarius (0,55 l), auf nüchternen Magen in einem Zuge geleert, „wieder hoch kommt (...) und Bäche sich über den Marmor ergießen", will man gerne glauben – so verrückt war indes kein Befehl eines *rex bibendi*, sondern in Juvenals böser Weiber-Satire nur die maßlose Unvernunft einer Gastgeberin, die mit diesem Auftritt ihre Gästeschar begrüßt („der Gatte hält sich, um die Galle zu halten, die Augen zu").[26]

Rekorde im Kampftrinken

Es kam allerdings wohl schon vor, dass zu den „verrückten Gesetzen" des Symposiarchen auch die Aufforderung zu dem gehörte, was heutzutage unter Zechbrüdern unter dem Begriff ‚Kampftrinken' firmiert. Genauer gesagt: als vom „Trinkkönig" verordnetes Wetttrinken. Als Ansporn für solche *certamina in bibendo* wurden mitunter sogar Preise ausgesetzt. Widerlich findet Plinius diese Unsitte, bei der die Kontrahenten „keuchend zu riesigen Gefäßen greifen, als wollten sie ihre Kräfte zeigen, alles in einem Zug in sich hineinschütten, um sich anschließend zu erbrechen, dann wieder zu trinken und das zum zweiten oder dritten Male zu wiederholen, als ob es ihr Lebenssinn wäre, den Wein zu vertilgen".[27] Mancher war stolz auf seine beim Wetttrinken erbrachten Leistungen. Die größten Säufer rühmten sich, Riesenmengen von Wein ohne Erbrechen „vertilgen" zu können, und stellten ihre ‚Kunststücke' gelegentlich bei Trinkpartys zur Schau.

Vergessen als Ehrenkodex unter Trinkern?

Gestern in der Nacht hatte ich dir gesagt,
nach zehn Bechern, die wir leerten, glaub' ich,
du könntest heute bei mir speisen, Procillus.
Du hast das gleich für dich als Tatsache genommen
und hast im Suff Geäußertes dir insgeheim gemerkt -
ein Präzedenzfall, der alles andere als harmlos ist:
„Ich hasse einen Zechkumpanen mit Gedächtnis", Procillus!

Martial, Epigramme I 27 (Ü: P. Barié)

Als absoluter Rekordhalter ging ein gewisser Torquatus Novellius aus Mailand in die Annalen der römischen Weinvertilgungs-Geschichte ein. Seinen ‚Ehrennamen' Tricongius („Dreicongien-Mann") hatte er sich dadurch verdient, dass er rund neun Liter Wein auf einen Zug in sich hineinlaufen lassen konnte – ein wahrhaftiges *miraculum*, das sich selbst Kaiser Tiberius nicht entgehen ließ.[28]

Der war selbst kein unbeschriebenes Blatt in Sachen Weinkonsum: Sein Name Tiberius Claudius Nero wurde wegen seiner stadtbekannten Trunksucht schon einmal in Biberius Caldius Mero verballhornt (Biberius – „Trinker", von *bibere*, „trinken"; Caldius – „Glühwein"-Trinker, von *calidus*, „warm"; Mero – „Säufer", von *merum*, „unvermischter Wein").[29] Die *comissationes* seiner Jugendzeit waren legendär. Man munkelte von Trinkgelagen, die sich über zwei Tage und Nächte hinzogen, und von Postenvergabe an Trinkkumpane, die das größte Durchhaltevermögen unter Beweis gestellt hatten.[30]

Die Krone im Renommieren mit der eigenen Alkoholabhängigkeit gebührt indes Marc Anton. Der Liebhaber der ägyptischen Königin Kleopatra veröffentlichte ein Bekenntnisbuch *de ebrietate sua*, „Über seine Trunksucht".[31] Ob er darin, wie Plinius es von anderen bekannten Trinkern aus der besten Gesellschaft Roms berichtet, mit der wunderbaren „Vergessenswirkung" des Weins geprahlt hat, der die Unannehmlichkeiten des Vortages geradezu wegblase[32], wissen wir nicht. Dass sich nicht jeder an die Vergessens-Spielregeln des Trinkgelages selbst hielt, kam indes manch einem Zecher am nächsten Tage schmerzlich zu Bewusstsein.

„Süß ist's auszurasten …"

Der Normalität des Trinkgelages entsprach solch exzessives ‚Kampftrinken' gewiss nicht. Aber es steht außer Zweifel, dass sich das übliche *decorum*, das „anständige und standesgemäße Verhalten" der Oberschicht, in vergnügter nächtlicher Zechlaune anders definierte als bei Tage: „Das Konzept des *decorum* war elastisch genug", um den besonderen Bedingungen der *comissatio* standzuhalten, stellt John d'Arms etwas maliziös fest.³³ Die gleiche Flexibilität trifft auf das *modus*-Verständnis zu. Natürlich galt auch beim Bechern das „Maß" als Richtschnur, doch dehnte es sich, wenn der Wein als Bezugsgröße mit ins Spiel kam. Und manchmal war es auch richtig und notwendig, das Maß zu überschreiten, findet Horaz und spricht sicher vielen *comissatores* aus dem Herzen: Wenn im geselligen Kreis das Wiedersehen mit einem Freund gefeiert wird, dann „ist es süß für mich auszurasten" (*dulce mihi furere est*).³⁴

Viel hing es vom Augenmaß des „Trinkkönigs" ab, ob sich das Gelage in den Bahnen des *modus* bewegte oder entglitt. Kraft seiner Gewalt konnte er die Teilnehmer der Trinkrunde zu Unterhaltungsbeiträgen auffordern, die seriös, lustig oder albern waren. Kaprizierte er sich auf verrückte Einfälle, die die Stimmung aufputschen sollten, so steuerte er tendenziell auf ein Entgleisen des Abends zu. Manche „verrückten Gesetze" wie Anweisungen an Stotterer zu singen, an Kahlköpfige, sich das Haar zu kämmen, oder an Lahme zu tanzen³⁵, mochten die einen zu jubelndem Beifallsgejohle und weiterem Trinken hinreißen, die anderen indes zum Glase greifen lassen, um diesen geistlosen Unfug überhaupt ertragen zu können.

Geistvolles gab's aber auch – und zwar in Form gepflegter Unterhaltungen, die dem begleitenden Weingenuss manchen Schuss Inspiration und Temperament verdankten. Wie sehr dieses Ideal des Symposions in der Realität erreicht (oder auch nur erstrebt) worden ist, wissen wir nicht. Natürlich hing das von vielen Faktoren ab, dem Personenkreis und seinem Bildungsgrad, dem Anlass, dem „Trinkkönig" und seinem Moderationsgeschick, der Stimmung mit all ihrer Eigendynamik und auch der Intention des Gastgebers, dessen Einladung ja eine steuernde Wirkung haben konnte. Im Allgemeinen vermutet man, dass das geistige Niveau römischer *comissationes* denAnsprüchen der griechischen Symposienliteratur nicht gerecht geworden ist. Freilich klaffte auch im klassischen Hellas eine nicht geringe Kluft zwischen Theorie und Praxis.

Die hohe Schule der Symposien-Konversation

Worum drehte sich das Gespräch, welche Themen bevorzugten ‚seriöse' Trinker? Horaz lehnt banale Gegenstände des Stadtklatsches ab: Wer welche Landvillen und Stadtpaläste besitze, ob der Pantomime Lepos gut tanze oder nicht – damit habe man ja eigentlich nichts zu schaffen. Wohl aber suche man den Austausch darüber, ob Geld oder Tugend mehr zum Glück beitrage, worauf sich Freundschaft gründe oder was als wahres und höchstes Gut anzusehen sei. Philosophischer Fachjargon sei dafür nicht vonnöten, die lehrreiche, unterhaltsame Fabel, wie sie „unser Nachbar Cervius im Plauderton vorträgt", sei besonders geeignet, moralische Erörterungen zu würzen und sie durch Anschaulichkeit aufzulockern – so etwa die berühmte Fabel von der Land- und der Stadtmaus, die Horaz im Folgenden erzählt.[36]

24 Dichterlesung: Vergil, der Schöpfer der Aeneis, von zwei Musen umrahmt

Wer unerfahren oder unsicher war, konnte sich in Ratgebern informieren, die über die Kunst des Tischgesprächs informierten. Einen solchen *comissatio*-Knigge hatte beispielsweise ein gewisser Priscus verfasst, „darin viel Charmantes, viel Erhebendes, stets lehrreich und eloquent".[37] Leider ist uns dieser von Martial gerühmte Leitfaden nicht überliefert.

Wohl aber liegt aus der Feder des griechischen Schriftstellers Plutarch eine recht ausführliche Abhandlung über alle ein Symposion betreffenden Fragen vor. Darin geht er auch auf Gesprächsgegenstände beim geselligen Weintrinken ein. Das Spektrum ist breit. Es reicht von Fragen der Etikette, die sich auf das Gastmahl selbst beziehen, sowie Kulinarischem, medizinischen und naturwissenschaftlichen Fragestellungen (Warum sind ältere Menschen weitsichtig?), Historischem und Biographischem bis zu Fragen der Religion (Warum essen Juden kein Schweinefleisch?), des Sports, der Literatur und Kunst.[38] Klassiker vom Typ, ob das Ei oder die Henne früher da war, erfreuten sich einer gewissen Beliebtheit[39] – das Schöne daran war, dass sie sich nicht abschließend diskutieren ließen.

Waren Philologen oder Philosophen in der Runde, so konnte die Laune der anderen schnell auf den Nullpunkt sinken. Sie neigten zu ebenso pedantischen wie abstrakten Darlegungen, die deutlich mehr ihrer Selbstdarstellung dienten als der Unterhaltung der übrigen Gäste, und waren deshalb als Langweiler und Stimmungsvermieser gefürchtet. Wen interessierte schon der hundertste Interpretationsaufguss des ersten Ilias-Verses in allen Verästelungen der philologischen Kunst? Bitte heute einmal nicht „Singe mir, Muse, den Zorn ..." auftischen, beschwört der Spötter Lukillios seinen Gastgeber. Halte mir die Philologen vom Symposion fern, „für die ‚Trinken' und ‚Witz' kein nettes Vergnügen ist!"[40]

Philosophen, die allzu dunkel und kompliziert daherredeten, liefen Gefahr, dass sich die anderen rächten, indem sie das Niveau der Unterhaltung absichtlich abstürzen ließen. Es konnte passieren, dass sie bei langatmigen Vorträgen anfingen zu singen, banales, kindisches Zeug dazwischenredeten und damit ihrerseits den hochgemuten Geist düpierten.[41]

Wie konnte man der Gefahr eines solchen Auseinanderdriftens des Gesprächs begegnen? Plutarch hält eine goldene Regel bereit: „Wie der Wein für alle gleich sein soll, so soll auch die Unterhaltung so angelegt sein, dass alle daran teilhaben können."[42] Etwas konkreter wird der berühmte Universalgelehrte Varro, ein Zeitgenosse Caesars. In einer Satire mit dem hübschen Titel „Du weißt nicht, was der späte Abend bringt" (*nescis, quid vesper serus vehat*) legt er zumindest sein Wissen darüber dar, was die Konversation am späten Abend bringen sollte: Themen, über die sich auszutauschen man in der Hektik des Forums und unter dem Stress der Alltagsgeschäfte keine Zeit hat, die aber Erkenntniszuwachs mit Vergnügen und Genuss verbinden – lebenspraktische Fragen, über die zu reden Spaß macht.[43] Das Optimum an gepflegter Gelage-Konversation ist erreicht, ergänzt Martial, wenn man ähnlich wie in der Bibliothek oder im Theater auch bei der *comissatio* „vor Vergnügen gar nicht merkt, dass man auch etwas dabei lernt".[44]

Gesprächssymmetrie, Rätsel und unanständige Lieder

Ein hoher Anspruch, der oft genug sicher nicht erreicht wurde – und zwar keineswegs nur in Kreisen der ungebildeteren Mittel- und Unterschichten! Die umfangreiche symptotische Literatur der Antike – von Platon und Aristoteles über Lucilius, Varro und Horaz bis zu der voluminösen ‚Buntschriftstellerei' eines Athenaios, Plutarch und Macrobius – darf nicht zu einer Idealisierung des Alltags führen. Dem stehen nicht nur zu viele einschlägige Quellen der Antike entgegen, sondern auch heutige Lebenserfahrung.

Gleichwohl lässt Petrons großartige *cena Trimalchionis* erkennen, dass auch in Kreisen bildungsferner, aber wirtschaftlich erfolgreicher Aufsteiger und Neureicher versucht worden ist, sich an dem Konversationsideal der Oberschicht zu orientieren. Trimalchio schwadroniert über Gott und die Welt. Er versucht sich als Hobby-Astrologe und als medizinischer Ratgeber („auch im Speisesaal die Flatulenz nie unterdrücken!"), er kennt sich, glaubt er, in Rechtsfragen ebenso aus wie in Mythologie; literarische Kenntnisse gibt er ebenso zum Besten, wie er sich anschickt, „auch die Philosophen außer Gefecht zu setzen", und mit Gespenstergeschichten kann er ebenfalls dienen – und das alles, wie er auf sein Grabdenkmal schreiben lassen will, obwohl „er nie einen Philosophen gehört hat".[45]

Missklänge bei fehlender Gesprächssymmetrie

Du siehst so aus, Agamemnon, als ob du sagen wolltest: „Was schwätzt der lästige Mensch da?" Weil du, der's Reden versteht, nicht redest. Du bist von anderem Kaliber als wir, und deshalb lachst du über dem Plebs seine Worte. Wir wissen, du hast vor lauter gelehrtes Zeugs einen Klaps. Wie steht's also? Ob ich dich eines schönen Tages rumkriege, dass du meinen Landsitz besuchst und die Buden meiner Wenigkeit besichtigst?

Petron, cena Trimalchionis 46, 1 f. (Ü: K. Müller/W. Ehlers)

Freilich ist die Struktur der Gespräche an Trimalchios Tafel etwas einseitig. Es sind überwiegend Monologe der Selbstbeweihräucherung des Gastgebers, der seine Gäste als Statisten in einer wohlinszenierten Show ungehemmter Renommiersucht einsetzt. Nur wenn Trimalchio die Runde vorübergehend verlässt, haben die anderen eine Chance, sich in das Gespräch einzubringen: Dem Niveau hilft das allerdings nicht auf die Sprünge, und mancher etwas gebildetere Gast hält sich lieber ganz zurück – was ihm dann prompt als Arroganz ausgelegt wird.

Drohte die Konversation fade zu werden oder zum Erliegen zu kommen, waren Rätsel und Wissensfragen eine gute Möglichkeit für den „Trinkkönig", die Zecher bei Laune zu halten. Er konnte selbst Rätsel stellen oder seine Mittrinker auffordern, sich gegenseitig knifflige Aufgaben vorzulegen.[46] Vermutlich hat es auch dafür eine Ratgeber-Literatur gegeben. Man kannte jedenfalls einen riesigen Fundus solcher Rätselaufgaben, bei denen man z. B. den ersten Buchstaben eines Lösungswortes nannte und das mit einer möglichst komplizierten Beschreibung des Begriffs oder der gesuchten Person verband.[47] In früheren Zeiten hätten die Rätselfragen mehr Esprit gehabt, klagt der im 2. Jahrhundert schreibende Athenaios, „heutzutage fragen die Leute beim Wein die anderen, welches die schönste Form des sexuellen Verkehrs sei oder welcher Fisch den besten Geschmack habe".[48]

Falsche Antworten oder nicht gelöste Rätsel zogen Bestrafung nach sich. Der ‚Schuldige' musste entweder eine Sonderration unvermischten Wein auf Ex trinken oder bekam einen Cocktail aus Wein und Meereswasser gereicht.[49] Ob diese alten Regeln des griechischen Symposions auf die *comissationes* der römischen Kaiserzeit übertragbar sind, lässt sich nicht mit letzter Sicherheit sagen. Da aber der *Graecus mos* („griechische Sitte") römische Trinkgelage stark geprägt hat, spricht eine hohe Wahrscheinlichkeit dafür.

Andere Möglichkeiten, die Trinker bei zähflüssigem ‚Sitzungs'-Verlauf zu aktivieren, waren Unterhaltungsangebote durch Entertainment-Profis – darüber wird das Kapitel *acroama* informieren – oder „Eigentätigkeit" der Gäste bei Würfel- oder Brettspielen. Die Grenzen zwischen Trinkgelage und ‚Zockerrunde' waren fließend – in den Kneipen der einfachen Leute nicht anders als in den Häusern der Vornehmen.[50] Und wenn wider Erwarten auch das Glücksspiel wenig Anklang bei den Trinkern fand, dann halfen immer noch unanständige Lieder. „Jede Abendgesellschaft dröhnt von unzüchtigen Gesängen", will Quintilian wissen. Wir wollen ihm diese diffamierende Verallgemeinerung nachsehen. Sie ist Teil seiner Sittenkritik im Zusammenhang mit schädlichen Einflüssen auf die heranwachsende Generation. Seine Sorge gilt den in solchem Ambiente sozialisierten Kindern und Jugendlichen, die die aus dem Speisezimmer heraus schallenden frivolen Lieder in ihren Betten mit anhören müssen: „Das lernen die Bedauernswerten, ehe sie wissen, dass es Laster sind."[51]

Herrenabende dank Weinverbot für Frauen

Obszöne Gesänge in einer froh gestimmten Abendgesellschaft? Das hört sich – zumal im römischen Kontext – sehr nach einem Herrenabend an. Der Eindruck täuscht nicht; jedenfalls in der Mehrzahl der Fälle. Jahrhundertelang war die *comissatio* reine Männersache. Frauen waren schon deshalb von der Teilnahme ausgeschlossen, weil sie einem strikten Weinverbot unterlagen. Romulus, der legendäre Gründerheros Roms, habe persönlich die Todesstrafe für Frauen angeordnet, die sich darüber hinwegsetzten, erzählte man sich.[52] Traditionsbewusste Römer hielten sich daran und überprüften die Einhaltung der Vorschrift auf ebenso effiziente wie angenehme Weise: Den Brauch des Verwandtenkusses auf den Mund erklärte der Alte Cato

25 Gastmahl mit Sklaven. Ein Sklave zieht einem Gast die Schuhe aus, ein zweiter serviert Wein, ein dritter geleitet einen Gast hinaus; pompejanisches Fresko

damit, dass männliche Angehörige so eine Übertretung des Verbots unmittelbar feststellen konnten.[53]

Die Begründung des Verbots leuchtete den meisten Männern ein: Die enthemmende Wirkung des Weins und die Unzuverlässigkeit der Frau – sie galt als *levis*, als „charakterliches Leichtgewicht", „leicht zu beeindrucken" – erschienen als erhebliches Risiko für ihre Keuschheit.[54] Eine Wein trinkende Frau machte sich in dieser Vorstellung geradezu einer sexuellen Grenzüberschreitung schuldig, „denn von Gott Bacchus, dem Vater der Unbeherrschtheit, ist es gewöhnlich nur ein ganz kleiner Schritt zu unerlaubtem Liebesgenuss"[55] – was sich im römischen Wertesystem selbstredend nur dann als größeres Problem darstellte, wenn es die Frau betraf.

Ein bisschen durften die Römerinnen aber auch ganz legal von der köstlichen Gabe des Bacchus kosten: Niedrigprozentige Wein-,Derivate' wie Trester und parfümierte Fruchtweine, die so genannten *dulcia* (nicht „süße", sondern „schwache", „geruchlose" Weine; keine „harten Sachen"), gestand man ihnen zu.[56] Allerdings hatte derlei unmännliches ‚Gesöff' bei einer zünftigen *comissatio* nichts zu suchen.

Das Verbot betraf zumindest de facto nur ‚ehrbare' Frauen. ‚Leichte Mädchen', die die Herrenrunde mit Flötenspiel und mehr würzten, waren willkommen. Sich mit ihnen beim Wein zu vergnügen war nicht anstößig, und manch ein Trinkgelage verdankte seinen Höhepunkt der Anwesenheit dieser gemieteten Damen – wobei, wen wundert's, niemand etwas dagegen hatte, wenn *diese* Frauen kräftig mitzechten ...[57]

Wenn Frauen gleich viel trinken

Mit der Zeit lockerten sich indes die Sitten. Am Ende der Republik wurde das Weinverbot für Frauen kaum noch beachtet. Livia, die Frau des Augustus, fand nichts dabei, sich in aller Öffentlichkeit zu einer bestimmten Weinsorte als Erfolgsrezept für ihr langes Leben von 86 Jahren zu bekennen.[58] Ein paar Jahrzehnte später entrüstete Seneca sich darüber, „dass heutzutage die Frauen die Nächte genauso durchschwärmen wie die Männer, genauso viel trinken wie sie, ja sie sogar an (...) Weinkonsum übertreffen."[59]

Das Urteil des verstimmten Moralisten ist sicher tendenziös; leichte bis mittelschwere Übertreibungen darf man Seneca bei solchen Aussagen stets unterstellen. Aber den Trend beschreibt er richtig. Die Frauen fühlten sich immer stärker zu Gott Bacchus hingezogen, und die Männer gaben ihren Widerstand dagegen stillschweigend auf.

Im Großen und Ganzen blieb die *comissatio* zwar eine Männerdomäne, aber es wurde von den meisten Römern nicht mehr als unschicklich angesehen, wenn gelegentlich die Dame des Hauses daran teilnahm und auch Gäste in weiblicher Begleitung kamen.[60] Trotzdem war diese ‚Normalität' doch wohl eher auf Ausnahmen beschränkt – zumal sie Komplikationen im Gefolge hatte, wenn nach einigen Bechern Wein „die Augen der Gäste die Hausfrau lüstern abschätzen".[61] Keine schöne Vorstellung, befand auch ein pompejanischer Hausbesitzer und warnte seine Gäste vor unschicklichem Verhalten, indem er auf die Wände seines Sommertricliniums u. a. folgenden Zweizeiler in großen Lettern aufmalen ließ:

lascivos voltus et blandos aufer ocellos
coniuge ab alterius, sit tibi in ore pudor![62]
Lüsterne Miene und begehrliche Blicke wende
von der Frau eines anderen ab; züchtig sei deine Rede!

„Prosit!" – nicht nur ein lateinisches Wort

Ganz hatte man auch im 2. und 1. Jahrhundert v.Chr., als die „griechische Sitte" des Symposions sich in Rom einbürgerte, das Weinverbot ‚anständige' Frauen aber noch ausschloss, auf die Damen nicht verzichten müssen. Physisch waren sie nicht präsent, wohl aber in Gedanken – und in Worten! Das hing mit einem beliebten Trinkritual zusammen, bei dem man nicht nur den Mittrinkern zuprostete, sondern auch Abwesenden. Bei einer besonderen Variante dieses Zutrinkens (*propinare*) waren so viele kleine Becher (*cyathi* à 0,045 l) zu leeren, wie der Name des oder der ‚Gefeierten' Buchstaben hatte. Dabei hatte auch die Geliebte gute Chancen, sich *in absentia* hochleben zu lassen. Ein langer Name war je nach Gusto und Kondition des Liebhabers anstrengend oder höchst willkommen.

Das Zuprosten konnte sich auch auf andere Abwesende beziehen: auf Familienangehörige, Freunde, den Kaiser, das Heer – oder nach kräftigem Zechen auch schon mal auf die „Mitternacht".[63] Üblicher aber war es, Toasts auf die Zechkumpane auszubringen. Ähnlich unserem „Prost" (aus *prosit*, „es möge nützen", zusammengezogen) zielten die Trinksprüche auf das Wohl und die Gesundheit des Angesprochenen ab. Die häufigste Formel war *bene tibi* oder *bene te*, „dir zum Wohl!". Im Überschwang ließ mancher die gesamte Gesellschaft hochleben: „Euch zum Wohl! Uns zum Wohl! Dir zum Wohl! Mir zum Wohl! Unserer Freundin Stephanium zum Wohl!"[64]

Ein schlichtes *vivas* („du sollst leben!") war ebenso üblich wie andere wohlmeinende Wünsche, die auch auf den so genannten Spruchbechern aus dem römischen Germanien überliefert sind: *hilaris sis!*, „sei fröhlich!", *vivas felix!*, „lebe glücklich!", *bene tibi sit vita!*, „das Leben meine es gut mir dir!", *evivas!*, „du sollst leben!" oder ein die Atmosphäre einer gelungenen *comissatio* spiegelndes *gaudiamus felices!*, „lasst uns Spaß haben und glücklich sein!"[65]

Mit Trinken, Gesprächen und unterhaltenden Darbietungen, dazu das Kapitel *acroama* – Tafelunterhaltung(en), zog sich das Trinkgelage über Stunden hin. Manche verließen es vorzeitig – gelegentlich in der Absicht, noch bei einer anderen *comissatio* vorbeizuschauen –; die meisten aber blieben bis spät in die Nacht als Trinkerrunde zusammen. Wann man sich gewöhnlich zum Aufbruch rüstete, wissen wir

> ### Irgendjemand lässt sich schon herbeitrinken ...
>
> Bring ich dann Laevia sechs und sieben Becher Justina,
> Lykas fünf, aber vier Lyde und Ida dann drei!
> All die Geliebten bestimme die Zahl der Gläser Falerners!
> Kommt mir keine, so komm wenigstens du mir, o Schlaf!
>
> Martial, Epigramme I 71 (Ü: R. Helm)

nicht. Wohl aber, dass wohl gar nicht so selten erst das Morgengrauen dem Feiern ein Ende setzte. „Leere heute, Maecenas, auf des Freundes Wohl hundert Schalen!", lädt Horaz zu einer langen nächtlichen ‚Sitzung' ein, „lass wach die Lampen leuchten bis zum Morgenstrahl! Verbannt sei alles Lärmen und Zanken!"[66]

Der zuletzt geäußerte Wunsch hatte einen durchaus realen Hintergrund. Auf manche Zecher hatte der Wein bei den Römern die auch uns vertraute allzu belebende Wirkung. Selbst seriöse Unterhaltungen drohten da infolge der Erhitzung der Gemüter manchmal zu entgleisen, wenn das angeregte Gespräch in erregte Diskussionen überging und die Emotionen hoch gingen. Flötenspiel und Gesang galten als probate Mittel, allzu feurige Diskutanten und potenzielle Streithähne wieder zu beruhigen.[67]

Nicht immer waren die Bemühungen des *rex bibendi* von Erfolg gekrönt. Gelegentlich arteten Trinkgelage zu wüsten Schlägereien aus, bei denen auch Blut floss.[68] Bei den ‚Trinkschlachten' des sizilischen Statthalters Verres war das, will man Cicero glauben, der übliche Ausgang: „Die Saufgelage endeten so, dass der eine inmitten des Handgemenges aus dem Gastmahl wie aus einer Schlacht herausgebracht, der andere wie ein Gefallener zurückgelassen wurde, und die meisten überall verstreut ohne Bewusstsein und ohne jedes Gefühl dalagen, sodass jeder bei diesem Anblick glaubte, er habe da nicht das Gastmahl eines Praetors, sondern die Schlacht von Cannae der Nichtsnutzigkeit vor Augen."[69]

Bei solchen Entgleisungen hatten die Zecher einen Trinkspruch, wie er sich auf einem Trierer Spruchbecher findet, wohl etwas falsch verstanden: *vinum vires*, „Wein gibt Kraft."[70]

acroama – Tafel-Unter-haltung(en)

Ohren- und andere Schmäuse aus Griechenland

Bei vielen römischen Moralisten war der Triumph des Gnaeus Manlius Volso aus dem Jahre 187 v. Chr. in denkbar schlechter Erinnerung. Er markierte für sie den Beginn eines Sittenverfalls, der danach immer stärker um sich griff. Das Heer des Manlius Volso, so argumentierten sie, habe jene „fremdländische Üppigkeit" (luxuria peregrina) nach Rom eingeschleppt, von der altrömische Einfachheit und Tugend, Garanten des Aufstiegs zur Weltmacht, überwuchert, römische Mentalität nachgerade korrumpiert worden sei. Auch und gerade vor den Tischsitten habe die asiatische Luxus-‚Seuche' nicht Halt gemacht: „Damals ließ man Zither- und Harfenspielerinnen bei den Mahlzeiten auftreten und sorgte auch für andere Arten von Kurzweil zur Unterhaltung beim Gastmahl."[1]

Ganz so revolutionär, wie es dieses Livius-Zitat nahe legt, waren Unterhaltungsbeiträge in geselliger Speise- und Trinkrunde allerdings nicht. Quintilian berichtet überzeugend, dass bei Gastmählern Musik auf Saiten- und Holzblasinstrumenten auch bei den Römern von altersher zum guten Ton gehörte, und er lässt diese Tradition bereits im 6. Jahrhundert v. Chr. beginnen.[2]

Neue, aus Griechenland importierte Mode war es freilich, diese Unterhaltung nicht aus der Gästeschar heraus, sozusagen aus eigener Kraft, zu leisten, sondern dafür professionelle Künstler zu engagieren. Der griechische Ursprung dieser Sitte lebt in dem – griechischen – Begriff fort, mit dem die gebildete Welt die Unterhaltungsdarbietungen beim Gastmahl und Trinkgelage bezeichnete. Sie sprach von *acroamata*, „Ohrenschmäusen". Über seine abendlichen Einladungen zur Tafel des Kaisers berichtet Plinius stolz-bescheiden: *interdum acroamata audiebamus, interdum iucundissimis sermonibus nox ducebatur*, „manchmal gab es musikalische Darbietungen und Lesungen, manchmal blieben wir bei angeregtestem Gespräch bis in die Nacht zusammen".³

acroamata waren sowohl Teil der *cena*, der Hauptmahlzeit am Nachmittag, als auch der *comissatio*, des sich häufig anschließenden Trinkgelages. Zum ‚Nachtleben' im engeren Sinne zählen natürlich nur die *comissationes*. Angesichts der fließenden Grenzen zwischen beiden Teilen des Gastmahls (*convivium*) und des übergreifenden Charakters der Darbietungen – wer für die eigentlichen Tafelfreuden Unterhaltungskünstler unter Vertrag genommen hatte, entließ sie nicht, wenn die Gesellschaft zum Pokulieren überging – können wir die verschiedenen Formen dieses Ohrenschmauses hier zusammenfassend behandeln.

Die Palette der *acroamata* war breit. Sie umfasste nicht nur Hör-, sondern auch Schaugenüsse – und das auf sehr unterschiedlichem Anspruchsniveau. Wo der Gastgeber es zur Selbstdarstellung gewissermaßen nötig hatte, da lief fast ununterbrochen ein Unterhaltungsprogramm. Was der neureiche Trimalchio seinen Gästen bot, war als akustischer ‚Terror' schon fast mit der Zwangsbeglückung vergleichbar, die uns Heutige in Kaufhäusern erwartet: Das ‚Gedudel' nahm kein Ende. Gleich, ob Sklaven die Gäste pediküren, ihnen etwas zum Trinken reichen, Speisen auftragen oder die Tische abräumen – sie singen dabei ohne Unterlass oder werden bei ihrer Tätigkeit vom Orchester musikalisch unterstützt.⁴

Vier Kellner servieren im Hüpfschritt, abgestimmt zur Musik der Kapelle, Tabletts mit Braten, und selbst der Trancheur „zermetzelt unter Orchestermusik mit Fechthieben das Gericht in der Weise, dass man hätte meinen können, ein Gladiator führe nach den Klängen eines Leiermannes einen Kampf auf dem Streitwagen auf".⁵ Kein Wunder, dass die Gäste den Eindruck hatten, „eher in einen Tingeltangel als in den Speisesaal eines Familienvaters geraten zu sein".⁶

War diese fürsorgliche Beschallung der Tafelrunde durch den Gastgeber Trimalchio repräsentativ? Sicher liegt karikierende Überspitzung vor, doch kann Satire nur wirken, wenn sie ihren Wiedererkennungswert in der Alltagsrealität hat. Man darf daher schon annehmen, dass manch eine Soiree tatsächlich von mehr oder minder aufdringlicher Hintergrundmusik beherrscht worden ist.

Rezitationen – schwere, leichte und ärgerliche Kost

Üblicher waren indes Einzeldarbietungen. Gastgeber, die auf Stil und Niveau Wert legten, organisierten Vorträge und Dichterlesungen. Sie sollten unterhalten, aber zugleich etwas Nützliches – Allgemeinbildung oder Praktisches – vermitteln.[7] Wer zu einseitig auf das eine oder das andere setzte, verprellte manchen Gast. Zeitgenossen, die Einladungen des Philosophen Favorinus annahmen, wussten spätestens beim zweiten Male, worauf sie sich einließen: Kaum war die Gästeschar eingetroffen, begann ein Sklave irgendetwas aus der lateinischen oder griechischen Literatur vorzulesen – nicht selten so faszinierende Elaborate wie den Traktat des gelehrten Gavius Bassus „Über den Ursprung von Verben und Substantiven".[8]

Häufiger waren es Auszüge aus Klassikern, die von ausgebildeten Vorlesern, Vorleserinnen (*lectores, lectrices; anagnostai*) oder Schauspielern ausdrucksvoll vorgetragen wurden: „lebhaft, verständnisvoll, angemessen und doch unaufdringlich"[9], häufig mit Kithara-Begleitung durch sie selbst. Manche hoch spezialisierten Sklaven kannten den ganzen Homer oder Hesiod auswendig.[10] Homer, *der* Dichter schlechthin, war einer der Favoriten, ein zweiter war sein lateinisches Pendant Vergil, der Dichter des römischen Nationalepos *Aeneis*[11]: „Gesättigt, beim Zechen wünscht sich das Romulusvolk einen göttlich beschwingten Poeten."[12]

Als leichtere Kost tat es auch Menander. Seine Komödien schlägt Plutarch als angemessene Convivialpoesie vor, am besten von mehreren Mimen mit verteilten Rollen vorgetragen.[13] Auch lyrische Dichtung fand Anklang, erotische Elegien passten durchaus zum nächtlichen Weingenuss[14] und natürlich auch Spottepigramme, deren satirischer Biss und literarische Meisterschaft die Zuhörer begeisterten. Martial, der Star unter den Epigrammatikern, empfiehlt wärmstens, seine Gedichte zu rezitieren, „wenn Bacchus seine Kämpfe liebt". Selbst die schlüpfrig-obszönen passen zum „späten Lampenlicht (...), wenn der Weingott rast: Dann könnten mich selbst Männer wie der gestrenge Cato lesen".[15]

Geist und Magen, so das Ideal des ebenso gebildeten wie reichen Cicero-Freundes Atticus, sollten bei Abendgesellschaften in gleicher Weise auf ihre Kosten kommen.[16] Das war meistens der Fall, wenn professionelle Entertainer professionell geschriebene Literatur vortrugen und vorspielten. Es war meistens *nicht* der Fall, wenn die Gastgeber eigene Werke zum Besten gaben. Dicke Wälzer des Hausherrn waren der Schrecken aller Partys; und doch drängten manche Hobby-Dichter ihre poetischen Ergüsse den Gästen über Stunden auf – „das dritte Buch ist dran, und noch immer kommt nicht der zweite Gang".[17] Reißaus nehmen oder das langweilige Zeug mit angewiderter, versteinerter Miene über sich ergehen lassen – das war bei solchen oder anderen wenig ergötzlichen ‚Unterhaltungsprogrammen' die Alternative.[18] Die meisten freilich verlangten nicht nach ihren Sandalen, sondern hielten der Zumutung stand; sie wollten es sich nicht mit Gastgebern verderben, die köstliche Speisen und Weine als Entschädigung oder Belohnung für tapferes ‚Absitzen' – genauer: ‚Abliegen' – boten.[19]

> ## Weinseliger Beifall auch für drittklassige Rezitationen
>
> Sogleich tritt dann einer auf, einen Mantel von Mauve* um die Schultern; kaum hat er dann was recht süß, durch die Nase lallend, gesprochen, träufelt er „Phyllis"** hervor, „Hypsipyle"** und was es sonst noch bei Dichtern zum Heulen gibt, und mit weichlichem Gaumen bringt er Worte zum Straucheln. Beifall zollten die Männer – ist jenes Dichters Asche jetzt nicht höchlich beglückt, drückt ihm der Grabstein jetzt nicht leichter auf seine Knochen? Lob spenden die Tischgenossen. Sollten jetzt aus seinen Resten, aus seinem Grab, seiner hochbeseligten Asche jetzt nicht Veilchen erblühn?
> *   besonders repräsentatives Gewand
> ** Heroinen in rührselig-melodramatischen Stücken
>
> Persius, Satiren I 32 ff. (Ü: W. Kißel)

Da die Vortragenden meist auf der Lyra spielten, waren die Rezitationen auch ein musikalischer ‚Ohrenschmaus'. Vielen Menschen waren aber auch schon in römischer Zeit Textbeiträge – noch dazu solche von literarischem Anspruch – lästig. Ihnen genügte eine rein musikalische Untermalung des geselligen Beisammenseins. Und viele Gastgeber hatten Verständnis dafür. Sie ersparten der nachmittäglich-abendlichen Runde ‚anstrengende' Lesungen und engagierten stattdessen Musikanten. In reichen Häusern gab es *symphoniaci*[20], Musiksklaven, die auch für diese Hauskonzerte zur Verfügung standen.

Varianten des Flötenspiels

Man konnte aber auch Sänger, Flöten-, Lyra-, Zitherspieler und sogar Hornisten mieten. Augustus bestellte einst beim Sklavenhändler Toronius Flaccus einige Musikanten, die zum *convivium* aufspielen sollten. Sie gaben eine exzellente Vorstellung und wurden vom Kaiser reich belohnt. Als er sie das nächste Mal engagieren wollte, musste Toronius etwas verlegen eingestehen, sie seien nicht verfügbar – er habe sie gerade zur Arbeit in die Mühle geschickt.[21] Damit entlarvte er sich als ganz übler Ausbeuter. Zumindest in späterer Zeit wäre er durch diese ‚Auslastung' seiner Unfreien mit dem Gesetz in Konflikt gekommen: Es war nicht ohne weiteres gestattet, gut ausgebildete, spezialisierte Sklaven zu niederen Diensten einzusetzen – und Mühlenarbeit galt geradezu als Strafe, während Musiker ausdrücklich zu den vom Gesetz geschützten ‚Fachsklaven' zählten.[22]

Das Gros der beim Gelage aufspielenden Entertainer waren wohl Frauen. In den Komödien des Plautus und Terenz verstehen vor allem die Flötenspielerinnen sich darauf, den Männern noch andere Genüsse zu bereiten als musikalische. Tatsächlich werden sie oft in einem Atemzug mit Prostituierten genannt. Neben ‚anderen' Luxuswaren bringt ein Kaufmann in einer Plautus-Komödie auch „Lauten-, Flöten- und Leierspielerinnen von außergewöhnlicher Schönheit"[23] von einer Geschäftsreise mit – mit großer Wahrscheinlichkeit, um sie an Ausrichter von Banketten und Herrenabenden als Musikantinnen *und* ‚leichte Mädchen' zu vermieten.

> ## Doppelflöte oder nicht – auf jeden Fall Doppelsinn
> Die beschwipste Flötistin bringt uns mit ihren feuchten Backen zum Platzen:
> Oft spielt sie auf zwei Rohren zugleich, oft nur auf einem einzigen.
>
> Martial, Epigramme XIV 64 (Ü: P. Barié)

Einen besonderen Ruf genossen die skandalumwitterten *ambubaiae*, syrische Flötenspielerinnen, die offensichtlich die Creme in der Unterhaltungs-Grauzone zwischen Musik und Sex bildeten. Durch ihre Virtuosität als Flötistinnen ragten sie aus der Menge der normalen Liebesdienerinnen heraus. Kaiser Nero bediente sich bei seinen Gastmählern der „Dienste der Huren der ganzen Stadt und der *ambubaiae*".[24] Wenn sein Biograph Sueton die angemieteten Damen in dieser Weise differenziert, spricht das für eine Sonderstellung der Syrerinnen als Elite-Dirnen. Darauf deutet auch die Tatsache, dass die *ambubaiae* in besonderer Weise Trauer tragen, als der stadtbekannte Lebemann – man kann auch ruhig in heutiger Diktion sagen: Playboy – Tigellinus das Zeitliche segnet: Da ist mit einem Schlag die schöne, lukrative Zeit der Einladungen ins Luxus-Ambiente des teuren Verblichenen vorbei.[25]

Was auf die *ambubaiae* zutrifft, gilt nicht mit gleicher Wahrscheinlichkeit für Flötenspielerinnen und Musikantinnen anderer Art. Gewiss, ihr Renommee war schlecht; auf ihnen lastete – wie auf Schauspielerinnen und anderen im Unterhaltungsgewerbe tätigen Frauen – der Generalverdacht der Prostitution. Doch wäre nichts falscher, als jedes *convivium* und jede *comissatio*, bei der Musikerinnen für die Tafelmusik sorgten, am Ende in eine Orgie münden zu sehen. So toll trieben es die Römer nun wirklich nicht ...

Es hing sehr vom Gastgeber, von der Zusammensetzung der Gelage-Runde und den jeweiligen Umständen und Feier-Anlässen ab, ob zu den *acroamata* auch sexuelle Unterhaltung gehörte. Solche nächtlichen Sex-Partys waren sicher in der Minderzahl; von ausgesprochenen Ausnahmen wird man freilich auch nicht sprechen können. Dazu ging allein schon das Herren-‚Recht' gegenüber den eigenen Sklaven zu weit. Als Mundschenke schätzten viele Gastgeber – und ihre Gäste! – glabri, „haarlose" Sklaven, die jung, schön und gut gekleidet waren – und homosexuelle Phantasien ihres Herrn und seiner Zechgenossen bedienten. Nicht immer blieb es bei der Phantasie. Seneca spricht vom glaber, „der die ganze Nacht wacht und sie zwischen der Trunkenheit des Herrn und seiner Geschlechtslust teilt – im Schlafzimmer Mann, beim Gastmahl Knabe".[26] Dass die räumliche Trennung für die beiden Funktionen immer strikt eingehalten worden ist, darf man wohl bezweifeln – allzu großen Wert legten manche Herrenrunden auf pueri capillati, junge, hübsche Burschen mit langen Haaren.[27]

Rhythmen wie „brennende Nesseln"

Wo puellae Gaditanae zu Showeinlagen engagiert waren, ging es auch nicht gerade sittsam zu. Unter den Tänzerinnen, die ein stark sinnlich betontes acroama zu den Gelagen beisteuerten, waren sie die Stars, ein erotischer Exportschlager gleichsam aus dem südspanischen „verruchten Gades" (Martial), dem heutigen Cadiz: „Sie lassen die lasziven Hüften in kundigem Zittern kreisen und geilen die Gäste ohne Ende auf."[28] Bei ihren verführerischen Bewegungen begleiteten sie sich selbst mit Klappern und Kastagnetten in „gaditanischen Rhythmen" und „ließen ihren Hintern so vibrieren, dass sie selbst einen Hippolytos zum Masturbieren gebracht" und „den zitternden Greis Pelias hät-

26 Tänzerin; Relief aus Aquincum

ten erregen können".²⁹ Gaditanerinnen, das zeigen diese Beschreibungen, hatten auf viele Römer eine ähnlich stimulierende Wirkung wie Striptease-Tänzerinnen auf heutige Nachtclub-Besucher. Auf Moralisten wirkten ihre Auftritte wie Provokationen. „Kastagnetten-Lärm und Lieder, die nicht einmal die nackte Dirne im stinkigen Puff ausspricht, schmutzige Zoten, Künste der Wollust" bescheinigt Juvenal den Gaditanerinnen und ihrer libidinösen Party-Entourage.

Aber auch Juvenal kann die Augen nicht davor verschließen, dass ihr „lüsterner Tanz" die Männer zu Beifallsstürmen hinreißt und die Tänzerinnen sich dann, „kühn vom Applaus, mit schwingendem Steiß auf den Boden herablassen".³⁰

Als Spitzenkräfte im fleischzentrierten Segment des Unterhaltungswesens waren die Mädchen aus Gades nicht billig. Wer sie engagierte, zahlte hohe Gagen: „Sie erregen wie scharfe Nesseln *den*

27 Komödienszene; links ein erboster Vater, rechts ein betrunkener Jüngling mit seinem Sklaven, zwischen ihnen eine Flötenspielerin

Reichen", sagt Juvenal und grenzt damit Luxus-Partys mit solchen Auftritten von ‚bürgerlichen' Gelagen ab, die anständiger und weniger kostenintensiv waren.³¹ Plinius bestätigt das in einem empörten Brief an seinen Freund Septicius. Der hatte sich bei ihm zum Gastmahl angesagt, war aber nicht erschienen – obwohl ihn ein schmackhaftes, wenngleich lukullisch nicht übertriebenes Essen und Tischunterhaltung durch einen Komödianten, einen Rezitator und einen Lyraspieler erwartet hätte. „Aber du wolltest ja wer weiß wo lieber Austern, Sautaschen, Seesterne und Gaditanerinnen."³²

Pantomimen genossen wegen ihrer durchaus lasziven Bewegungen und Tänze (die wiederum bei der Damenwelt im Theater auf manchmal ekstatische Begeisterung stießen)³³ in sittenstrengen Kreisen auch nicht gerade einen guten Ruf, doch waren ihre Darbietungen bei *convivia* in der Regel deutlich dezenter als die Auftritte der *puellae Gaditanae*. Dass sie gleichwohl nicht ohne Sex-Appeal waren, lässt der praktizierte Jugendschutz einer gewissen Ummidia Quadratilla erkennen. Die wohlhabende alte Dame – sie starb knapp achtzigjährig – hielt sich eine private Pantomimen-Truppe, „die sie übertriebener verhätschelte, als es sich für eine Dame von Stand schickt". Aber jedes Mal, wenn sie sich von ihrem Privatensemble etwas vorspielen ließ, schickte sie ihren Enkel vorsorglich hinaus – und zwar „zu seinen Büchern".³⁴

Über Geschmack ließ sich streiten

Bei zahlreichen *convivia* bereicherten Pantomimen das Unterhaltungsprogramm. Wer genügend Geld hatte, konnte auch die großen Bühnenstars für seine Abendgesellschaften verpflichten. Augustus ließ die berühmtesten Schauspieler der Zeit in seinem Triclinium auftreten, u. a. den aus Kilikien gebürtigen Pylades, der in seiner riesigen Fan-Gemeinde geradezu Kultstatus besaß. Bei einer Soiree gab er einen besonders denkwürdigen „Hercules", weil er den Bogen nicht nur trug, sondern auch etliche Pfeile von ihm abfeuerte.³⁵

Andere Kaiser hatten einen weniger ausgeprägten Kunstgeschmack. Sie zogen schlichtere, ‚volkstümlichere' Tischunterhaltung vor. So etwa Domitian, der sich und seinen Zechgenossen von derben

28 *Tänzer, Musikanten und Akrobaten; Mosaik aus Rom*

Spaßmachern unterhalten ließ. Was ihnen an Esprit fehlte, ersetzten sie durch Dreistigkeit, Schamlosigkeit und vulgäre Ausdrucksweise.[36] Mit niveauvoller Kleinkunst oder anspruchsvollem Kabarett hatten diese Darbietungen der *scurrae* („Possenreißer", „Witzbolde") meist wenig zu tun. Die Wirkung des Weins stimmte aber auch Zuhörer milde, die sich über die Albernheiten sonst nicht so amüsiert gezeigt hätten. Den Wettstreit zweier Witzbolde, den Horaz in einer Satire schildert, empfindet der moderne Leser schwerlich als lustig oder gar als *sophisticated*. Horaz aber fand es höchst vergnüglich, „und so zog sich unser Mahl bis weit in die Nacht hin".[37]

Zwerge, Kastraten und echte Narren – die Liebhaber dieser unfreiwilligen Unterhaltungs-‚Künstler' zahlten auf dem Sklavenmarkt viel Geld für solche *moriones*[38] – traten ebenfalls zum Amüsement der Zecher auf. Sie fanden durchaus ihr Publikum – am Kaiserhof zu bestimmten Zeiten nicht weniger[39] als in den Triclinien der Wohlhabenden. Die Meinungen über diese Unterhaltung waren allerdings – wegen des Niveaus, nicht aus humanitären Gründen – geteilt. Manch einer fühlte sich angewidert, wenn sich „Possenreißer, Tänzer und Narren an der Tafel herumtrieben", und musste mit sich kämpfen, ob er das aus Höflichkeit gegenüber dem Gastgeber ertragen solle: „Ich finde es überhaupt nicht amüsant wie eine nette Überraschung, wenn ein Tänzer seine Anzüglichkeiten, ein Possenreißer seine Unverschämtheiten, ein Narr seine Torheiten produziert!"[40]

Wer anderer Ansicht war und an Spaßmachern – ob tatsächlichen oder vermeintlichen Kretins – Gefallen fand, brauchte sich im Übrigen nicht wie ein römischer ‚Barbar' vorzukommen. Er konnte vielmehr auf eine lange Tradition des griechischen Symposions verweisen, die dergleichen auch kannte. Wie es Hofnarren an hellenistischen Königshöfen gegeben hatte[41], so gehörten Narren auch im privaten

Bereich zum festen Unterhaltungsprogramm. Mit Beleidigungen geizten sie nicht; sie teilten auch gegen die anwesenden Zecher kräftig aus – was zu großer Heiterkeit, bisweilen aber auch zu heftigen Reaktionen der Geschmähten führte.

In Lukians *Symposion* wird der Philosoph Alkidamas von einem Clown, einem „kleinen hässlichen Kerl, dem die Haare bis auf ein dünnes, hoch stehendes Schwänzchen glatt abgeschoren waren", als „Malteserhündchen" verspottet. Der Kyniker, ein „Hundsphilosoph" in der Nachfolge des legendären Diogenes, ist erbost. Er fordert seinen Kontrahenten, peinlich genug, zu einem Faustkampf heraus – und, peinlicher noch, unterliegt in dem unfreiwilligen Schauspiel, das einige Augenzeugen sehr belustigt, andere dagegen ausgesprochen abstößt.[42]

Spaßmacher brachten schon eine Menge *action* in eine Gesellschaft. Das ließ sich indes noch steigern, wenn man Gaukler, Zauberer und Akrobaten engagierte. Trimalchio, als neureicher Angeber stets auf das Besondere bedacht, lässt sich auch bei der Unterhaltung seiner Gäste nicht lumpen: Außer den Einzelmusikern und dem Orchester bietet er ihnen auch zwei Burschen, „die durch brennende Reifen springen und mit den Zähnen einen Vorratstopf halten" können. Der Einzige allerdings, den diese akrobatischen Kunststücke so richtig begeistern, ist Trimalchio selbst. Auf dieser Welt gebe es zwei Dinge, die er für sein Leben gern ansehe, lässt er die Tafelrunde wissen: Akrobaten und Hornisten. Die übrigen *acroamata* seien „der reinste Schmarren".[43]

Lassen wir das unkommentiert am Ende stehen? Besser nicht, denn eine so einseitige Position sollte nicht ein Kapitel beschließen, das die große Vielfalt abendlicher und nächtlicher Ohren- und Augenschmäuse aufzuzeigen versucht hat. Geben wir lieber dem Jüngeren Plinius das letzte Wort. Er plädiert für ein conviviales Leben und leben Lassen: „Wir wollen gegenüber den Vergnügungen der anderen Milde üben, damit wir sie auch für unsere bekommen!"⁴⁴

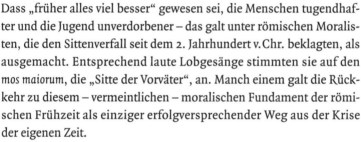

grassatio – Nachtschwärmer mit Rowdyallüren

Prügelei mit tödlichem Ausgang als Polit-Skandal

Dass „früher alles viel besser" gewesen sei, die Menschen tugendhafter und die Jugend unverdorbener – das galt unter römischen Moralisten, die den Sittenverfall seit dem 2. Jahrhundert v. Chr. beklagten, als ausgemacht. Entsprechend laute Lobgesänge stimmten sie auf den *mos maiorum*, die „Sitte der Vorväter", an. Manch einem galt die Rückkehr zu diesem – vermeintlichen – moralischen Fundament der römischen Frühzeit als einziger erfolgversprechender Weg aus der Krise der eigenen Zeit.

Auch der Historiker Livius gehörte zu diesen *laudatores temporis acti* („Lobrednern der Vergangenheit").[1] Im Vorwort seines großen Geschichtswerkes beklagt er, dass „mit dem allmählichen Nachlassen von Zucht und Ordnung die Sitten zunächst gleichsam absanken, darauf mehr und mehr abglitten und dann jäh zu stürzen begannen."[2]

Dass da ein bisschen Schönfärberei und Verklärung der Vergangenheit im Spiel waren, hätte Livius durchaus nachlesen können, und zwar bei sich selbst. Beispielsweise im dritten Buch, wo er über das skandalöse Verhalten des Caeso Quinctilius berichtet. Caeso stammte aus vornehmer Familie – altem patrizischem Adel –, hatte sich Kriegsruhm erworben und galt auch aufgrund seiner rhetorischen Begabung als aufstrebendes politisches Talent. In seinem Privatleben allerdings wies diese öffentlich weiße Weste einige sehr unschöne Flecken auf.

Caeso gehörte einer Gruppe junger Adliger an, die einem aufregenden Nachtleben nicht abgeneigt waren. Ziel ihrer nächtlichen Vergnügungen war die Subura, das verrufene Rotlicht-Viertel der Stadt mit einer hohen Dichte an Billig-Kneipen und -Bordellen jedenfalls in späterer Zeit. Livius zufolge soll indes die Subura auch schon im Jahre 461 v. Chr. Schauplatz des römischen Nachtlebens gewesen sein.[3]

Caeso und seine Clique zogen des Öfteren durch das Viertel, weinselig und auf der Suche nach Opfern, an denen sie ihr erhitztes Mütchen kühlen konnten.[4] Sie pöbelten Passanten an, machten sich über sie lustig und wurden manchmal auch handgreiflich – besonders wenn sie auf einfache Leute aus der Plebs stießen, mit denen sie leichtes Spiel zu haben glaubten. Eines Nachts trafen sie auf Marcus Volscius Fictor und seinen Bruder. Die beiden kamen von einem geselligen Beisammensein mit Freunden. Wie üblich, griff die aristokratische ‚Gang' die Entgegenkommenden zunächst verbal an. Bald waren aber auch die Fäuste im Spiel. Und einer der Angegriffenen machte einen verhängnisvollen Fehler. Er beklagte sich über das arrogante Verhalten der vornehmen Trunkenbolde. Diese offenen Worte reizten die Gegenseite noch mehr. Caeso war empört, dass da ein Plebejer wagte, solche Widerworte zu geben, stürzte sich auf ihn, schlug auf ihn ein, trat ihn mit Füßen und „misshandelte ihn mit größter Brutalität".[5] Auch Marcus Volscius wurde niedergeschlagen. Erst als die beiden Brüder leblos auf der Gasse lagen, ließen die Schläger von ihnen ab. Während sie sich entfernten, brüsteten sie sich voreinander noch mit ihrer „kühnen Tat".[6]

Andere Passanten fanden einige Zeit später die blutüberströmten Opfer der nicht so ganz feinen Adelsclique. Sie brachten die Schwerverletzten heim. Lucius aber, der ältere der beiden Volscius-Brüder, überlebte die nächtliche Attacke nicht. Noch von einer zuvor durchgemachten Krankheit geschwächt, starb er aufgrund der erlittenen Misshandlungen.

Der nächtliche Zwischenfall in der Subura ist wohl nur deshalb überliefert worden, weil er brisante politische Implikationen hatte. Er fiel in eine Periode der Ständekämpfe, und Marcus Volscius, der überlebende Bruder, hatte sich ein paar Jahre zuvor als Volkstribun im Kampf gegen die Herrschaft der Patrizier hervorgetan. Für die Propaganda der Plebs gegen die ‚Hybris' der Aristokraten war der blutige

Vorfall natürlich ein gefundenes Fressen. Da ließ sich das nächtliche Fehlverhalten einer Gruppe adliger Rowdys in der politischen Auseinandersetzung gut instrumentalisieren – erst recht, nachdem die Beamten auf die Anzeige des Marcus Volscius angeblich zunächst nicht reagiert, sondern ihrem Standesgenossen die Stange gehalten hatten.

Also wandte sich der Kläger ans Volk. Die Empörung war groß; fast wäre Caeso ein Opfer plebejischer Lynchjustiz geworden. Dem Untersuchungsgefängnis entging er, indem er eine hohe Kaution hinterlegte. Zum Prozess erschien Caeso nicht. Er hatte sich ‚freiwillig' zu den Etruskern ins Exil begeben. Damit verfiel die Bürgschaft und der Vater des Angeklagten starb als armer Mann, weil das Geld „gnadenlos" (Livius) von ihm eingetrieben worden war.

Wenn vornehme Jünglinge hart zur Sache gehen

Was sich wegen der Prominenz der Beteiligten und der gesamten Stimmung in der Bürgerschaft zum ‚Polit-Skandal' aufschaukelte, hatte als ‚normale' Nachtschwärmerei unter Alkoholeinfluss begonnen. Livius lässt keinen Zweifel daran, dass solche Züge durch die Gemeinde bei Jugendlichen aus gutem Hause keine einmalige Entgleisung waren. Er spricht von einer *iuventus grassans*.[7] *grassari* war der in seiner Zeit übliche Ausdruck für „nächtliches Herumschwärmen auf den Straßen". Es bedeutet auch „hart zu Werke gehen", „wüten" und „umhertoben".[8] Die *nocturna grassatio*, das „nächtliche Herumstreifen", wird uns später noch im Zusammenhang mit weit höher gestellten jungen Männern begegnen.[9] Diese Sorte von *grassatores*, „Nachtschwärmern", war freilich – trotz der Gewalttat des Caeso und anderer Rowdys, die in seine Fußstapfen traten – die ‚harmlosere' Variante des Begriffs. Er bezeichnet nämlich darüber hinaus den gewerbsmäßigen Wegelagerer und Banditen.

Kann man sich wirklich vorstellen, dass es schon um die Mitte des 5. vorchristlichen Jahrhunderts zu solch gewalttätigen Eskapaden im Nachtleben der späteren Millionenmetropole gekommen ist, die damals allenfalls eine Kleinstadt mit ein paar tausend Einwohnern gewesen ist?[10] Sind da nicht vielleicht Verhältnisse späterer Zeiten in die Vergangenheit rückprojiziert worden? Wenn es so sein sollte, belegt die Episode zumindest, dass die *grassatio* als eine sehr derbe Form nächtlicher Vergnügung jedenfalls später nichts Ungewöhnliches war. Bei den zeitgenössischen Lesern des Livius oder des Dionys von Halikarnassos, unserer zweiten Quelle, stellten sich offenbar recht lebhafte Assoziationen ein. Sie wussten, wie ‚heiß' es nachts in der „lauten Subura" zuging.[11]

Der denkbare Anachronismus beruht möglicherweise auf der Übertragung einer Sitte in die Frühzeit, die spätestens ab dem 3. Jahrhundert v. Chr. in Rom bekannt wurde und sicher auch bei Angehörigen der *jeunesse dorée* Nachahmer fand, die allgemein für den *mos Graecus*, die „griechische Lebensart", empfänglich waren. *pergraecari*, „durch und durch wie ein Grieche leben", hieß in der Komödie – die auf griechischen Vorlagen beruhte! – so viel wie „in Saus und Braus leben": Tag und Nacht zechen, sich mit ‚leichten' Mädchen vergnügen, opulent speisen und das väterliche Vermögen mit diesen Formen des Wohllebens im Laufe der Zeit durchbringen.[12]

Sittenverderbnis aus Griechenland?

Zu diesem „griechischen Wohlleben" gehörte auch der Komos. Das war das nächtliche Herumziehen junger Männer, z. T. in Begleitung von Damen, die nicht wirklich Damen waren, auf den Straßen der Stadt. Man kann auch deftiger – und zutreffender – formulieren: der fröhliche, lärmende, mit allerlei Unfug verbundene Umzug Betrunkener. Die „Komasten" waren entweder auf dem Heimweg oder sie zogen zur Wohnung eines Mitzechers, um dort weiterzufeiern. Gelegentlich torkelte man auch in ausgelassener Stimmung zum Haus einer Geliebten, um ihr ein wenig melodisches, aber unüberhörbares Ständchen zu bringen. Kithara- und Flötenmusik gehörten vielfach zum *komazein*[13] und ebenso gehörten Streiche, die man Passanten spielte, gelegentlich auch Auseinandersetzungen und Prügeleien dazu.

Der Brauch des Komos ist nicht nur literarisch bezeugt. Er ist auch auf einer Vielzahl attischer Vasen ausführlich dokumentiert – mit allem, was dazugehörte: Musik, Gesang, Tanz, Schwanken und Stolpern von Komasten, die sich nicht mehr auf den Beinen halten können, Trinken und sich Erbrechen. In der Frühzeit der Komos-Abbil-

> **‚Buchwort' schwärmen**
>
> Im Übrigen aber ist *komos* nichts anderes als der nächtliche, leider mit Ruhestörung verbundene Unfug unserer trinkfrohen Jugend nach Verlassen der Kneipe (...) Die Sache also ist geblieben (...) Im Deutschen aber sollte man *komazein* nicht, wie das üblich ist, mit ‚schwärmen' übersetzen. Das ist ein bloßes Buchwort, mit dem solche nächtliche Tätigkeit fröhlicher Jugend doch in Wahrheit kein Mensch bezeichnet.
>
> Lamer, Realencyclopädie der class. Altertumswiss. XI 2 (1926), s. v. komos, 1293

dungen bis zur Mitte des 6. Jahrhundert v. Chr. werden Komasten dargestellt, bei denen Bauch und Gesäß in auffälliger Weise betont sind. Die Archäologen sprechen despektierlich von „Dickbauchtänzern" – „obwohl sie den Namen von Dickärschen nicht weniger verdienten".[14] Offensichtlich wollen die Maler damit die Verkehrung der Norm im Komos illustrieren: Der sonst wohlgesittete, ja vornehme Bürger, der im Alltagsleben Haltung bewahren muss, kann sich als Komast im Rausche gehen lassen. Er tritt aus der Normalität heraus – aber doch nur vorübergehend, gleichsam ‚gespielt'. Ist die Nacht vorbei, mutiert er wieder zum respektablen, ‚anständigen' Bürger.

29 Komasten-Szene auf einer griechischen Vase des 6. Jahrhunderts v. Chr.

Es spricht einiges dafür, dass sich der Komos in einer weniger ritualisierten, stärker alltagsbezogenen Form auch bei Teilen der vornehmen römischen Jugend durchgesetzt hat. Mit dem berühmten griechischen Vorbild im Rücken fiel es leichter, solche nächtlichen Umzüge als Ausdruck schicken Lifestyles zu verstehen. Möglicherweise war, was im Jahre 461 v. Chr. in der Subura geschah, eher ein politischer Zusammenstoß, der dann im Lichte des *Graecus mos* uminterpretiert wurde. Das lag nahe, da ja auf der Seite der Schuldigen jene adligen Rüpel standen, die als Graekophile bei „Nachtschwärmereien" dieser Art zu den üblichen Verdächtigen zählten.

Nachtschwärmerei als Einschränkung des Nachtlebens

Die lateinische Komödie spielt jedenfalls auf solche Komoi an und rechnet damit, dass auch römische Zuschauer sie als Teil der Alltagsrealität wieder erkennen. Dass auf den nächtlichen Straßen Gefahr durch üble Elemente lauere – bis hin zu dem Risiko umgebracht zu werden –, wird in der plautinischen Komödie *Stichus* hervorgehoben.[15] Ein junger Mann rühmt sich gegenüber seinem Vater, nachts *nicht* umherzuziehen und *niemandem* dabei etwas wegzunehmen.[16] Offenbar will er gelobt werden für ein Verhalten, das keineswegs selbstverständlich, sondern eher überraschend ‚angepasst' ist.

Im *Amphitruo* schließlich wundert sich der Sklave Sosia über seine eigene Unerschrockenheit: Wer ist verwegener als ich, „der ich zur Nachtzeit allein auf den Straßen unterwegs bin? Dabei weiß ich doch, wie sich die Jugend benimmt!" (*iuventutis mores qui sciam*)[17] Eine unmissverständliche Anspielung auf die von römischen Komasten drohenden ‚Abenteuer', in die harmlose Passanten verwickelt werden konnten. Die *iuventus grassans* des Livius findet hier in der griechisch inspirierten, aber eben doch römischen Komödie ihr Pendant in einer *iuventus*, der man nachts auf den Straßen besser nicht begegnet.

Ordnungskräfte, die diesem nächtlichen Spuk wirkungsvoll hätten Einhalt gebieten können, gab es nicht. Die *vigiles* auch des kaiserzeitlichen Rom wären hoffnungslos überfordert gewesen, hätten sie sozusagen systematisch Jagd auf krakeelende Nachtschwärmer machen sollen. Sie hatten ihre liebe Mühe und Not, die wirklich kriminellen Elemente in Schach zu halten. Für die Freizeit-‚Hooligans' blieb da kaum Zeit.

Den harten Begriff ‚Hooligans' für in der Nacht umherziehende Rabauken verwendet der niederländische Althistoriker Emiel Eyben in seiner Studie über die „ruhelose Jugend im Alten Rom"[18] in einem Kapitel, das ebenso hart mit „vandalism" überschrieben ist. „Hart" deshalb, weil sich die damit gemeinten *grassatores* zwar objektiv kriminell verhielten, das aber in der Regel nicht ihre Intention war. Sie wollten einfach nur ‚Spaß haben', und da sie meist sturzbetrunken waren, dürfen sie zumindest mildernde Umstände für sich in Anspruch nehmen.

Ihre ‚Aktionen' waren Teil des Nachtlebens, aber sie schränkten auch das Nachtleben anderer ein. Die Rücksichtslosigkeit, mit der sie ihr Vergnügen suchten und Unbeteiligte dafür missbrauchten, schüchterte andere ein und hinderte sie daran, nachts auszugehen. Wer Ärger mit diesen aufdringlichen und unverschämten Trunkenbolden vermeiden wollte, blieb bei Nacht lieber zu Hause.

Ungleiche Kämpfe mit nächtlichen ‚Hooligans'

Der *locus classicus* unter den einschlägigen Schilderungen ist eine Passage aus der berühmten 3. Satire Juvenals. Gewiss, es ist ein Stück Satire mit der entsprechenden satirischen Überzeichnung. Die Schilderung Juvenals lässt sich nicht sozusagen Eins zu Eins als historische Realität begreifen. Doch würde ihre Wirkung verpuffen, wenn sie überhaupt keine oder eine zu weit hergeholte Verankerung in der Alltagswirklichkeit hätte – über utopisch anmutende Fiktion ohne Wiedererkennungswert lacht man nicht. Wir tun also gut daran, die von Juvenal beschriebenen ‚Hooligan'-Szenen im nächtlichen Rom einigermaßen ernst zu nehmen.[19]

„Für weltfremd hält man dich, wenn du abends zum Mahle gehst, ohne dein Testament gemacht zu haben", behauptet Juvenal. Warum? Weil die Nacht in der Großstadt vielerlei Gefahren bereithält. Im Schutze der Dunkelheit entsorgten viele – trotz ausdrücklichen gesetzlichen Verbots – ihren Müll durchs Fenster. Da sind entsprechend viele ‚Wurfgeschosse' unterwegs, und man kann noch von Glück sagen, wenn man nur vom Inhalt eines ausgeschütteten Nachttopfes getroffen wird.

Ärger aber ist die Gefahr, die von angetrunkenen Rowdys droht. Da „fühlt sich einer bestraft, dass er heute im Rausch noch keinen verprügelt hat", und freut sich darauf, einsame Passanten zu treffen, bei denen er das Versäumte nachholen kann. Erst eine zünftige Schlägerei lässt ihn friedlich einschlafen; ohne diesen ‚Kick' würde er sich schlaflos auf seinem Lager wälzen.[20]

Zwar sind auch Räuber und gelegentlich sogar Mörder auf den Straßen der Hauptstadt unterwegs[21], höher aber ist das Risiko, einem reichen Trunkenbold in die Arme zu laufen, der sein Mütchen durch Pöbeleien, Streit und Prügeleien kühlen will. Die Chancen, ihm zu entkommen und sich wirkungsvoll zur Wehr zu setzen, stehen für den einfachen Bürger schlecht. Denn der andere ist umringt von einer großen Zahl von Begleitern, die ihm mit Fackeln und ehernen Leuchtern den Weg erhellen. Sie können notfalls als *body guards* eingreifen, wenn sich der von ihrem Anführer vom Zaun gebrochene Streit in die falsche Richtung entwickeln sollte – „falls das noch Streit ist, wo einer nur schlägt und der andere nur einsteckt".[22]

„Halt!", schallt es dem Hilflosen entgegen, und der Rowdy tritt ihm drohend in den Weg, „Woher kommst du?" Und dann prasselt eine Serie wüster Beleidigungen und Verdächtigungen auf das Opfer herab – Provokationen, die einzig und allein den Boden für die bald folgende körperliche Atttacke bereiten sollen. Gleichgültig, ob er sich zu ‚rechtfertigen' sucht oder still zurücktritt – der betrunkene Trupp geht auf den wehrlosen armen Kerl los und verprügelt ihn. Eines nur bleibt dem Leidtragenden dieses ungleichen Kampfes übrig: Mit zerschlagenem Gesicht darum zu bitten, „dass ihm von dannen zu gehen mit wenigstens noch einigen Zähnen vergönnt sei".[23]

Hat es Sinn, die Übeltäter am nächsten Tage anzuzeigen und sie vor Gericht stellen zu lassen? Auf keinen Fall! Denn dort schwören sie Stein und Bein, dass das Opfer den Streit angefangen habe, und lassen das von ihren Kumpanen skrupellos bezeugen. Es ist schon einiges gewonnen, wenn diese gewalttätigen Nachtschwärmer „dich nicht erst grün und blau schlagen und danach noch selbst zornig vor Gericht gehen".[24]

Bandenkriminalität als Nachtvergnügen

Juvenals dritte Satire ist um 115 entstanden. Ein gutes halbes Jahrhundert zuvor war die Sicherheitslage im nächtlichen Rom nicht besser, was die Belästigung und Übergriffe durch aggressive Nachtschwärmer angeht – im Gegenteil. Die Quellen legen den Eindruck nahe, dass jugendliche ‚Gangs' nachts manches Viertel der Hauptstadt geradezu terrorisiert haben – Quellen im Übrigen, die historisch allgemein als verlässlicher eingestuft werden als die satirische Fiktion. Da sie indes in der Tendenz weitgehend übereinstimmen, rät auch das dazu, das von Juvenal gezeichnete Bild vom Leben im kaiserzeitlichen Rom als nicht allzu überspitzt und verzerrt anzusehen.

Wir schreiben das Jahr 56. Nero ist im dritten Jahre Kaiser. „Nach außen", berichtet Tacitus, „herrschte Ruhe, im Inneren aber abscheuliche Zügellosigkeit" (*foeda lascivia*).[25] Sie zeigte sich vor allem in den nächtlichen Eskapaden junger Leute, die nicht nur durch Kneipen und Bordelle zogen, sondern sich auch einen Spaß daraus machten, arglose Passanten zu schikanieren und zu misshandeln.[26] Die „unternehmungslustigen" Cliquen (Tacitus spricht von *globi*, die sich in der Gemeinschaft und im Bündnis mit Bacchus stark wähnen) rempelten Wildfremde rücksichtslos an, verprügelten sie und fügten ihnen schlimme Verletzungen zu, wenn sie sich zur Wehr zu setzen wagten, oder tauchten sie „zur Strafe" für ihren Widerstand in Kloaken[27] – alles nicht so böse gemeint, sondern ganz im Zeichen von *fun* und *action* aus der Sicht von zumeist wohlhabenden jungen Männern der Oberschicht, die sich – und andere! – Hals über Kopf ins turbulente Nachtleben stürzten. Gelegentlich brachen diese römischen ‚Hooligans' auch Läden und Werkstätten auf, zerstörten die Auslagen oder stahlen sie. Einer von ihnen hatte sogar zu Hause ein Lager eingerichtet, aus dem heraus er die Beute an Meistbietende verkaufte. Der Erlös wurde natürlich in ‚Wohlleben' umgesetzt – in Nachtlokalen und ‚Animierbars' war er als guter Kunde geschätzt.[28]

Dieb und Hehler zugleich – das ist nicht ganz so ungewöhnlich. Ungewöhnlicher ist da schon die Tatsache, dass dieser Dieb es finanziell wahrhaftig nicht nötig gehabt hätte, die Beute seiner nächtlichen Sauftouren, Raufereien und ‚unterhaltsamen' Raubzüge zu verscherbeln. Am erstaunlichsten aber war das ‚Zuhause' dieses Diebeslagers

> ## Spaß ohne Grenzen – Unhold Nero
>
> Insgeheim schwärmte der Kaiser zur nächtlichen Stunde in der ganzen Stadt umher, belästigte die Frauen, verging sich an Jungen und entkleidete, schlug, verwundete, ja tötete alle, die ihm in den Weg kamen. Dabei bildete er sich ein, dass man ihn nicht erkenne (…). Doch konnte man ihn sowohl an seinem Gefolge als auch an seinen Taten erkennen; niemand hätte sich nämlich erkühnt, auf solch rücksichtslose Art so viele und so schwerwiegende Untaten zu begehen.
>
> Dio Cassius, Römische Geschichte LXI 9, 1 (Ü: O. Veh)

und Hehlerverkaufs: Es war der Kaiserpalast. Der prominenteste – und wohl auch skrupelloseste – *grassator* von allen war Nero, der 19-jährige Kaiser des Römischen Reiches.

Zwar bemühte Nero sich, sein wenig kaiserliches Nachtleben inkognito zu verbringen – mal als Sklave verkleidet, mal mit Perücke oder tief nach unten gezogener Kapuze –, aber es sprach sich doch allmählich herum, wer da zusammen mit seiner Freundesclique sein Unwesen trieb. Das wiederum spornte andere ‚Gangs' an, es dem Kaiser gleichzutun. Ohne Zweifel waren Neros nächtliche ‚Vergnügungen' ein fatales Signal, was die innere Sicherheit anging. Die Bandenkriminalität von Nachtschwärmern nahm erheblich zu, mit Verweis auf Nero ließ sich manch andere Gruppe Ausschreitungen zuschulden kommen, vor denen sie ohne die ‚Rückendeckung' durch den Kaiser zurückgeschreckt wäre. Das Ergebnis der nächtlichen Zügellosigkeit beschreibt Tacitus recht anschaulich: „Es ging nachts zu wie in einer eroberten Stadt."[29]

Freilich: Erfunden hatte der junge Kaiser das kriminelle nächtliche ‚Spaß'-Treiben bekanntlich nicht. Die Unsitte war, wie wir gesehen haben, alt. Dass die *grassatio* als nächtliches Vergnügen auch schon vor Nero in Rom heimisch war und der heranwachsende Prinz dadurch gewissermaßen auf den Geschmack gekommen ist, zeigt eine aufschlussreiche Bemerkung bei seinem Biographen Sueton. Der analysiert Neros nächtliches Treiben und kommt zu dem Schluss, es habe sich dabei nicht um eine jugendliche Verirrung (*iuvenilis error*) gehandelt, sondern um eine Veranlagung zur Frechheit, Wollust und

Grausamkeit. Seine lasterhafte Natur habe ihn auf diese Abwege geführt, nicht sein jugendliches Alter.³⁰

Die Betonung der Jugend ist auffällig. Sie steht in der Tradition anderer Berichte über das aus Sicht des Normalbürgers wenig erquickliche, aber doch angesichts der noch nicht gefestigten Charaktere verzeihliche Über-die-Stränge-Schlagen jugendlicher Hitzköpfe. Einige Zeilen später bringt Sueton den Unterschied zwischen Nero und ‚normalen' *grassatores* noch einmal auf den Punkt: *vagabatur ludibundus nec sine pernicie tamen*, „er zog wie im Spiel umher, aber nicht ohne Verderben anzurichten."³¹ Als *ludibundus* verhält Nero sich wie viele Gleichaltrige. Sie „spielen", vergnügen sich, indem sie sich unter Alkoholeinfluss rüpelhaft und dreist benehmen – Rowdytum, das aus ihrer Sicht ein aufregendes, kurzweiliges Spiel ist. Natürlich passieren auch schon bei dieser Form nächtlicher Unterhaltung schlimme Dinge. Aber Nero überdreht die Schraube. Sein Charakter ist destruktiv; er ist auf die *pernicies* aus, das „Verderben", das er anderen durch körperliche oder materielle Schädigung zufügt. Mit Nero, so Suetons Fazit, gleitet die bislang eher durch Vergehen und Ordnungswidrigkeiten geprägte Nachtschwärmerei ins vorsätzlich Kriminelle ab. Das eigene Vergnügen wird zum Verbrechen an anderen.

Wundermedizin für prominente Schläger

Zwar hatte es sich herumgesprochen, dass in einer der gefürchteten Nachtschwärmer-Cliquen auch der Kaiser sein Unwesen trieb, doch hielt das manche Opfer nicht ab, sich kräftig zur Wehr zu setzen. Die Maskerade sorgte dafür, dass auch Nero dabei nicht geschont wurde. So kam es, dass auch ein römischer Kaiser ab und zu von mutigen Passanten tüchtig Prügel bezog. Danach musste er sich gelegentlich für einige Tage aus der Öffentlichkeit zurückziehen. Die Römer waren von Nero ja schon einiges gewohnt, aber mit einem blauen Auge wollte man den Kaiser nun doch nicht sehen.³²

Aber es gab ja hochdotierte Leibärzte und findige Forscher unter den Medizinern. In Afrika wuchs eine *thapsia* genannte Pflanze, deren getrockneter Saft bei Beulen und blauen Flecken Wunder wirkte. Ihn verschrieben die Ärzte, wenn Nero wieder einmal übel zugerichtet war, für die Heilung der kaiserlichen Haut. Das war der Durchbruch für das Wundermittel! „Nero verschaffte der *thapsia* zu Beginn seiner Regierung Berühmtheit, indem er damit, zusammen mit Weihrauch und Wachs, sein bei nächtlichen Streifzügen (*nocturnae grassationes*) zerschlagenes Gesicht bestrich und am nächsten Tage, entgegen dem Gerücht, seine unbeschädigte Haut zur Schau trug."[33]

Zum Wendepunkt in Neros nächtlichem Treiben wurde seine Attacke auf den Senator Iulius Montanus bzw. dessen Frau. Der Senator erkannte nicht, an welch hochrangigen Angreifer er geraten war, und verteidigte mannhaft seine Frau, die Nero sexuell belästigt hatte. Montanus prügelte seinen inkognito auftretenden Kaiser fast zu Tode. Nero hätte das Ganze als unangenehme, aber doch zum nächtlichen ‚Spaß' zählende Erfahrung abgehakt, hätte der Senator nicht einen fatalen Fehler begangen. Als er durch Zufall erfuhr, wen er da in der Nacht halbtot geschlagen hatte, schrieb Iulius Montanus seinem Kaiser einen Entschuldigungsbrief. Das war sein Todesurteil. Den damit verbundenen Gesichtsverlust ertrug der ertappte Nero nicht – er trieb seinen reuigen „Bezwinger" in den Freitod.[34]

Für sich selbst entschied er, sich bei seinen künftigen nächtlichen Streifzügen von Soldaten und Gladiatoren begleiten zu lassen. Sie blieben zwar im Hintergrund, aber so auf Sichtdistanz, dass sie notfalls eingreifen konnten. Der ‚Notfall' trat ein, wenn sich die von Nero Provozierten und physisch Bedrängten zu heftig wehrten. Eines immerhin hatte der unglückliche Senator erreicht: Er hatte den rowdyhaften Kaiser das Fürchten gelehrt.[35]

Vandalismus in Rom – lange vor den Vandalen

Im Laufe der Zeit wurde selbst ein Nero ruhiger. Zahl und Intensität seiner nächtlichen Eskapaden gingen zurück. Aber es war schwer, das durch das unrühmliche Vorbild des Kaisers hell aufgeloderte Feuer von *grassationes* halbstarker Trunkenbolde zu bekämpfen. Juvenals bissige Satire beweist, dass es nicht wirkungsvoll unterdrückt werden konnte.

Dies um so weniger, als auch noch andere Kaiser in die *grassator*-Fußstapfen Neros traten. Otho, im Jahre 69 für drei Monate Herrscher über das Römische Reich, gehörte dazu. Er war ein enger

Freund Neros gewesen und hatte sich entsprechend viel bei ihm abschauen können – u. a. eben auch die ‚ausgelassenen' Züge durch das Nachtleben Roms und Angriffe auf schwache oder angetrunkene Passanten. Seine Erfindung war ein brutales ‚Prellball'-Spiel mit menschlichen Bällen: Er zwang seine Opfer, sich auf einen ausgespannten Mantel zu legen, den er dann zusammen mit seinen Spießgesellen in die Höhe warf.[36]

Vitellius, auch er im selben Jahre nur für wenige Monate Kaiser, fand ebenfalls Gefallen an solchen Auswüchsen des Nachtlebens.[37] Mit ihm bricht die wenig schmeichelhafte Tradition nächtlicher Schläger auf dem römischen Kaiserthron – mit Caligula, Neros Vorvorgänger, hatte sie angefangen[38] – für rund ein Jahrhundert ab. Erst Verus (161–169) nahm sie wieder auf. Dem Würfelspiel frönte er ebenso wie regelmäßigen Kneipen- und Bordellbesuchen in der Nacht. „Er randalierte mit anderen Taugenichtsen und suchte Raufhändel, alle in tiefstem Inkognito. Häufig soll er durchgeprügelt und mit blauen Flecken im Gesicht nach Hause gekommen sein. Auch soll er in Kaschemmen erkannt worden sein, obwohl er sich zu verstecken suchte. Ab und zu machte er sich einen Spaß daraus, große Geldstücke in Nachtlokale zu werfen und auf diese Weise Trinkgeschirr zu zertrümmern."[39]

Es ist auffällig, dass die Tradition diese Rowdyallüren gerade mit denjenigen Kaisern in Verbindung bringt (zu ergänzen sind noch Gallienus und Commodus[40]), die ohnehin zu den ‚Bösen' zählten – zu den üblichen Verdächtigen sozusagen, denen man auch solchen Vandalismus bei Nacht zutraute. Mag sein, dass mancher Bericht über kaiserliche Übeltäter deshalb aufgebauscht oder sogar erfunden ist, weil er gut ins Bild passte. Glaubwürdig waren solche ‚Storys' aber nur, wenn die nächtlichen *grassatio*-Eskapaden Teil des römischen Alltags waren. Insofern lassen sich die stark personalisierten Anekdoten über das wüste nächtliche ‚Hooligan'-Treiben einiger Kaiser durchaus verallgemeinern: Roms Straßen wurden des Nachts von aggressiven „Schwärmern" unsicher gemacht. Das Vergnügen, das diese vornehmlich jungen Leute an der Randale empfanden, zählte zu den notorischen *pericula noctis*, „Gefahren der Nacht".[41]

In Kleinstädten scheint es ähnliche Exzesse kaum gegeben zu haben. Jedenfalls schwärmt Juvenal davon, dass man in latinischen

Landstädten wie Praeneste (Palestrina) oder Tibur (Tivoli) keine Angst bei Nacht haben müsse.[42] Das ist sicher übertrieben, um den Kontrast zur gefahrenreichen Millionenmetropole zu betonen. Denn dass es in Kleinstädten etwa des römischen Griechenlands – in Gestalt eines gewissermaßen romanisierten und damit aggressiveren Komos – ähnliche Phänomene gab, belegt eine Szene aus dem Abenteuerroman des Apuleius. „Komm nicht zu spät vom Essen heim!", warnt Photis ihren Freund. „Denn eine verrückte Bande vornehmster junger Leute bedroht den öffentlichen Frieden. Überall wirst du Ermordete mitten auf der Straße liegen sehen, und die weit entfernten Bereitschaftstruppen des Gouverneurs können die Stadt nicht von der schlimmen Plage befreien."[43] Die „zahlreichen Toten" mögen wir der angsterfüllten Phantasie der jungen Dame zuschreiben, die Bandenkriminalität als nächtlichen Vergnügungs-‚Kick' wohlhabender, verwöhnter junger Männer aus der provinzialen Oberschicht hat es indes gewiss gegeben.

Von Birnen und der „Hure Babylon"

Auch aus dem römischen Nordafrika hören wir von nächtlichen ‚Untaten' jugendlicher Cliquen, wenngleich der Unrechtsgehalt dort doch deutlich geringer war. Man trieb sich nach Einbruch der Dunkelheit noch lange auf den Straßen herum und stellte allerlei Unfug an – bis einem der Tunichtgute die Idee kam, tief in der Nacht einen fremden Birnbaum abzuernten. Gesagt, getan. Die einen schüttelten den Baum kräftig, die anderen lasen die heruntergefallenen Birnen auf und „schleppten die Früchte haufenweise weg".

Und warum dieser mitternächtliche Beutezug? Nicht, weil man Hunger auf Birnen gehabt oder sich selbst solche Früchte nicht hätte leisten können. Im Gegenteil, die bösen Buben waren finanziell bestens gestellt – und die gestohlenen Birnen wurden später auch einfach weggeworfen und an Schweine verfüttert. Nein, „was uns reizte, war nur die Tatsache, dass es verboten war" (*non ob aliud, nisi quia non licebat*).[44]

Das ist neben jugendlichem Übermut wohl *eine* Erklärung für die Freude am nächtlichen Vandalismus. Eine weitere kommt hinzu: der

Gruppenzwang. Zum einen fühlt man sich in der Gruppe stark. Zum anderen aber ist es „die in Gemeinschaft mit Spießgesellen vollbrachte Tat, die lockt".⁴⁵ Das gemeinsame Abenteuer, die Gefahr und die Mitwisserschaft schweißen die Gruppe zusammen. Wer sich dem entzieht, stellt sich außerhalb der Clique. „Nie hätte ich diesen Diebstahl begangen, wäre ich allein gewesen", analysiert unser Birnendieb sein Verhalten⁴⁶ und macht sich aus der Rückschau auf seine wilde Jugendzeit so seine Gedanken über falsche Freunde und seine der „Hure Babylon" gewidmeten Sündenjahre: „Sieh, das waren die Genossen, mit denen ich auf den Gassen Babylons einherging, ja, in ihrem Schlamm mich wälzte, als wäre es Spezerei und köstliche Salbe."⁴⁷

Wenigstens dieser reuige Birnen-‚Hooligan' fand von den sündigen Gassen der nächtlichen Stadt auf den Weg der Tugend zurück. Es war der Kirchenvater Augustin.

rixa nocturna – Liebesnächte in der Welt der römischen Elegie

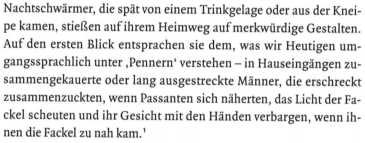

Nächtliches Wehklagen vor verschlossener Tür

Nachtschwärmer, die spät von einem Trinkgelage oder aus der Kneipe kamen, stießen auf ihrem Heimweg auf merkwürdige Gestalten. Auf den ersten Blick entsprachen sie dem, was wir Heutigen umgangssprachlich unter ‚Pennern' verstehen – in Hauseingängen zusammengekauerte oder lang ausgestreckte Männer, die erschreckt zusammenzuckten, wenn Passanten sich näherten, das Licht der Fackel scheuten und ihr Gesicht mit den Händen verbargen, wenn ihnen die Fackel zu nah kam.[1]

Scham war der Grund für dieses Verhalten, nicht Angst. Die Gefahren der Nacht schreckten diese seltsamen Zeitgenossen nicht. Stundenlang blieben sie im Hauseingang liegen, bis die ersten Strahlen der Sonne den neuen Tag ankündigten und sie vertrieben.[2] Regen, Sturm, Eis und Schnee machten ihnen nichts aus – vom Nordwind umbraust, harrten sie aus, ob es auch „fror und der Schnee knirschte bei klarer Luft".[3]

Übermannte die armen Kreaturen mitunter ein gnädiger Schlaf, sodass sie ihr ebenso unwürdiges wie ungemütliches Schicksal eine Zeitlang vergessen konnten? Das wussten sie um jeden Preis zu verhindern. Sie wollten leiden, und sie wollten ihr Leiden demonstrieren. Auf der Schwelle zur Tür der Geliebten liegend, flehten sie darum, eingelassen zu werden, machten bald der grausamen Tür, bald dem grausamen Türwächter, bald der grausamen Dame ihres Herzens bittere Vorwürfe, verbunden mit innigsten Liebesschwüren und herzzerreißenden Klagen über ihr schlimmes Los als *exclusus amator* („ausgeschlossener Liebhaber"). So authentisch das Jammern meist war, so ging es mitunter doch fast in eine Litanei über, ein in regelmäßigen Abständen wiederholtes *tempora noctis eunt*, „es verstreichen die Stunden der Nacht".[4]

Sie verstreichen, die Klagegesänge verhallen, die Tränen trocknen – und die Tür bleibt verschlossen. Selbst der Faustschlag, mit dem das böse Holz traktiert wird[5], wenn der Verschmähte einen Augenblick lang die Nerven verliert, richtet nichts aus: Das aufopferungsvolle Liebeswerben bleibt unerhört. Die Nacht ist ohne *happy end*.

Wie viele dieser unglücklichen Menschen bekam der Passant zu sehen, der gegen Mitternacht von einer *comissatio* nach Hause wankte? Vermutlich überhaupt keinen – und das lag nicht an seiner vom Wein verminderten Wahrnehmungsfähigkeit. Vielmehr ist das geschilderte Phänomen ein rein literarisches, Paraklausithyron genannt, „das Ständchen" oder „die Klage vor verschlossener Tür". Das Motiv hatte schon eine jahrhundertealte Tradition in der griechischen Literatur, als es die Dichter der erotischen Elegie im 1. Jahrhundert v. Chr. in ihr Repertoire aufnahmen und mehr oder weniger variantenreich einsetzten.[6]

Das Paraklausithyron passt bestens in die elegische Welt, die teilweise ganz provokant als Gegenbild zur traditionellen römischen Welt gezeichnet wird. Machte das ‚alte Rom' den Vertretern einer der Liebe gewidmeten neuen Daseinsform den Vorwurf, sie seien weich, schlaff und träge, so schleuderten die Jünger Amors den *senes severiores* („allzu grämlichen Alten")[7] ein selbstbewusstes *militat omnis amans* entgegen, „Krieger ist jeder, der liebt!"[8]

Die Kriegsdienst-Metapher verfolgten sie konsequent bis in einzelne Parallelen zwischen den Soldaten des Mars und denen der Venus. Strapazen müssen beide erdulden – und das stundenlange Verharren vor der Tür der Geliebten in nächtlicher Kälte erfordert nicht weniger physische Kondition als der Wachdienst im Lager. So wie der Legionär versucht, die Tore einer feindlichen Stadt aufzubrechen, so wütet der ausgeschlossene Liebhaber gegen die „grausame" Haustür der Geliebten. Und wenn das Liebeswerben, die Attacke sozusagen, erfolgreich war, dann schließen sich heiße, heftige *rixae nocturnae* an,

Nächtliche Türwache mit Vergeltungsphantasien

Mögst du selber so ruhn, Konopion, wie du mich bettest
in der Kälte der Nacht hier vor der Türe am Haus!
Mögst du selber so ruhn, wie, Harte, du mich, den Verliebten,
herzlos hier bettest! Dir ist Mitleid im Traume noch fremd.
Nachbarn haben Erbarmen, doch du nicht im Traume (...) Oh warte,
bald gemahnt dich an dies alles dein bleichendes Haar.

Kallimachos, Anthologia Palatina V 23 (Ü: H. Beckby)

„nächtliche Kämpfe", oder *Veneris bella*, „Venuskriege", in denen hart gerungen wird⁹ und nach denen der Kämpfer Amors die Schlachten ebenso zählt wie „der Soldat seine Wunden".¹⁰

Das Paraklausithyron malt nicht ohne masochistische Neigungen aus, was der Liebende an Widrigem, ja Demütigendem auf sich nimmt, um *seinem* spezifischen Kriegerdasein gerecht zu werden. Es ist natürlich in erster Linie Teil der literarisch-erotischen Werbung des Dichters um die Frau seines Herzens. Sie soll erfahren, zu welchem Leiden er fähig ist, wie selbstlos er um sie kämpft, welch wertvolle ‚Kriegsbeute' sie für ihn ist. Ein literarisches Spiel, dem es nicht an Glaubwürdigkeit fehlt, nur weil der erbarmungswürdige Sänger des Klageliedes nicht wirklich im Straßenstaub liegt und sich nicht wirklich den viel beschworenen Gefahren der Nacht aussetzt. Ein bisschen Theatralik, ein bisschen Übertreibung darf schon sein, wenn es um feurige Liebeserklärungen geht ...

Erotische Wellness beim Gastmahl

Wer ‚elegischen' Liebhabern aus Fleisch und Blut begegnen wollte, verlegte sich nicht auf eine wenig aussichtsreiche Straßensuche. Weit größere Chancen hatte er, wenn er abendliche Feiern besuchte, wie sie in diesen nicht ganz so bürgerlichen Kreisen üblich waren. Die *convivia* und *comissationes*, die die erotischen Dichter beschreiben, hatten eine noch familiärere Atmosphäre als diejenigen, zu denen man Gäste sozusagen empfing. Eine Art Bohème-Ambiente gab ihnen ei-

30 Paare beim Gelage; pompejanisches Fresko

nen noch ungezwungeneren Charakter; die Anwesenheit von Frauen war in diesen Kreisen geradezu Normalität – und das brachte aussichtsreiche Flirt-Gelegenheiten mit sich. Ceres, Bacchus und Venus, Essen, Wein und Liebe, bildeten eine verführerische Dreiecksbeziehung.[11] Die ‚eisbrechenden' Leistungen besonders des Weines bringt Ovid in dem geflügelten Wort *vina parant animos* auf den Punkt, „Wein macht die Herzen bereit".[12] An anderer Stelle preist er die wechselseitige Verstärkung, wenn „Venus im Wein wie Feuer im Feuer wirkt"[13] – immer allerdings unter der Voraussetzung, dass man es nicht übertreibt: „Dienstbar sollen dir noch Fuß und Verstand danach sein", sonst „lieg' ich am Boden, und der Spaß ist zu Ende".[14]

Als weiteres Stimulans und gleichzeitig erotisches Erfolgsgeheimnis galt die Nacht. „Nacht, Liebe und Wein sind nichts für kluge Beherrschung", stellt der Liebeslehrer Ovid fest, und der Komödiendichter Plautus sekundiert ihm mit der nicht ganz so überraschenden Erkenntnis, dass „nichts verlockender für einen jungen Mann sein kann als Nacht, Wein und Weib".[15] Entsprechend lang zogen sich die nächtlichen Feiern hin[16] – und entsprechend verlockend war das Gastmahl als Ort der Versuchung.

Wie sich die schöne Helena beim Gastmahl betören ließ

Oh, wie oft bemerkte ich, wie du verborgene Zeichen
gabst mit dem Finger, und bald sprachen die Brauen beinah.
Oft befürchtete ich, mein Mann könnte alles entdecken,
und ich errötete oft, waren die Winke zu klar. (...)
Auch auf des Tisches Rand stand mit Wein mein Name geschrieben,
während ich unterhalb „AMO – ich liebe dich" las.
Dennoch wollt ich's nicht glauben und winkte ab mit den Augen –,
weh mir, schon hab ich gelernt, dass man auch so sich versteht!

Ovid, heroides XVII (Helena an Paris) 81 ff. (Ü: B. Häuptli)

Wein, Geplauder, Lieder, Kränze, Tanz und Spiel – das alles schuf eine solide Basis für amouröse Wellness. Die galt es zu nutzen, wenn einem der Sinn nach Flirten stand – oder nach mehr. Das Gelage war eine aussichtsreiche Stätte des *aditus*, des „Zugangs", der „Annäherung" – „dort gibt's außer den Weinen noch mehr für dich zu holen", verspricht Ovid den Lesern seiner *Liebeskunst*.[17] Und er geizt nicht mit konkreten Ratschlägen und ‚Tricks'.

Wie nimmt man Kontakt zu einem Mädchen auf, auf das man ein Auge geworfen hat? Es gibt verschiedene Kommunikationsstrategien, um erotische Absichten zu signalisieren. Ist die direkte Ansprache verwehrt, so ist der Wein in vielen Fällen ein hilfreiches Medium. So etwa, indem man beim Reihum-Toast, bei dem ein und derselbe Becher kreiste, seine Lippen recht auffällig auf eben die Stelle presste, die die Lippen des Mädchens zuvor berührt hatten. Wurde diese Geste noch von dem nur scheinbar unverfänglichen Trinkspruch *bene dominae!*, „der Herrin zum Wohl!", begleitet, so war das schon eine recht eindeutige ‚Liebespost' – und man war dem Weinbecher dankbar, dass er „deinen Kuss herüberbringt und erzählt von der Huld, die er empfangen hat von dir".[18]

Die mutigere Variante oder die Fortsetzung des *aditus* mit eindeutigeren Methoden war die Verwendung des Weins gewissermaßen als Flirt-Tinte. Ein mit Wein benetzter Finger diente als Schreibgerät, das zärtliche Zeichen, ineinander verschlungene Initialen oder ein unmissverständliches *amo* unter dem Namen der Angebeteten auf den Tisch zauberte – eine spielerische Geheimschrift, deren Reiz gerade auch in ihrem Wesen als Umweg-Kommunikation lag. Sie hatte zudem den Vorzug, schnell wieder auswischbar zu sein, wenn die Blicke eines oder einer Falschen darauf zu fallen drohten.[19] Dass sie allerdings mittelbar einer der Auslöser des berühmten Trojanischen Krieges war, der wegen der Entführung der schönen Helena durch den trojanischen Prinzen Paris entbrannte, hat sicher nicht einmal der phantasievolle Urheber dieser Geschichte geglaubt ...[20]

Laszive Liebesspiele auf nächtlichen Partys

Nicht immer blieb es bei Flirtspielen mit Wein, tiefen Blicken und verstohlenen Zeichen. Je länger der Abend sich hinzog, um so mutiger wurden Verliebte – selbst wenn sie sich erst auf der Party kennen gelernt hatten. Wenn die umworbene Frau die Zuneigung erwiderte – etwa indem sie sich „bei lockerem Gewand" ins Dekolleté blicken ließ[21] –, kam es gelegentlich zum Austausch geheimer Zärtlichkeiten; züchtige Blicke schlossen zärtliche Berührungen mit dem Fuß nicht aus.[22] Küsse zwischen Eheleuten beim Gelage waren anscheinend in der Welt der elegischen Dichter nichts Ungewöhnliches, und selbst der Austausch von Zärtlichkeiten bis hin zum Streicheln der Brüste wurde dort nicht als anstößig empfunden.[23]

Eine Qual für den Liebhaber der Dame, wenn er gemeinsam mit dem ahnungslosen Ehemann zu einem abendlichen Beisammensein eingeladen war und ohnmächtig mit ansehen musste, wie der seine ehelichen ‚Rechte' einforderte!: „Ich wünsche von Herzen, für ihn ist's das letzte Mahl!"[24] Was ihm blieb, war die Erinnerung an andere Bankette, bei denen er selbst das Liebesspiel mit seiner ‚Herrin' genossen hatte – bis zu dem Punkt, da „beschleunigte Lust meiner Geliebten und mir unter der darüber geworfenen Kleidung das süße Tun vollendete".[25]

Oft sei das, rühmt sich Ovid – oder besser: sein lyrisches Ich – der Fall gewesen, und an anderer Stelle beschreibt er, wie er selbst durch die untreue Geliebte bei einer *comissatio* in die Opferrolle geriet und er, „als du mich eingeschlafen wähntest, (...) eure Untaten gesehen"

31 Paar beim Weintrinken. Die Frau trägt ein durchsichtiges Obergewand, der mit entblößtem Oberkörper dargestellte Mann hält ein Trinkhorn hoch.

habe.[26] In der Liebeskunst äußert sich Ovid deutlich zurückhaltender. Dort ist nur vom Flirten die Rede, nicht aber von ‚Petting' oder mehr. Im Gegenteil: Eher warnt er seine Schüler davor, aus der Situation des Gastmahls heraus eine feste erotische Bindung einzugehen, weil das schummrige Lampenlicht kein sicheres Urteil über die körperlichen Reize der Dame erlaube.[27] Das bedeutet zwar nicht den Verzicht auf ein flüchtiges Abenteuer in Weinlaune, aber er gibt keinen ausdrücklichen Rat, diese Chance zu nutzen. Nicht das Gastmahl selbst, sondern der Trubel der nächtlichen Aufbruchsstimmung biete die beste Gelegenheit, sich der Dame zu erklären und ein Rendezvous zu verabreden.[28]

Ob das laszive Liebesspiel bei einer nächtlichen Party – noch dazu nicht mit dem eigenen Partner – Alltäglichkeit war, darf man demnach auch für gesellschaftliche Gruppen, die den traditionellen Sittenkodex mehr oder minder programmatisch ablehnten, wohl bezweifeln. Dass es auch in ‚besseren' Kreisen ab und zu vorkam, zeigt die Warnung des ‚Moralist' genannten Hauseigentümers aus Pompeji, der seine Gäste aufforderte, „lüsterne Miene und begehrliche Blicke von der Frau eines anderen" abzuwenden.[29] Im Ganzen wird man aber zurückhaltend sein, einzelne Nachrichten über sexuelle Ausschweifungen bei Gelagen im engen Freundes- oder Bekanntenkreis zu verallgemeinern.

Anders sah es freilich aus, wenn ‚gemietete' Mädchen im Spiel waren. Sie lud man ja nicht ein, um sich nur mit ihnen zu unterhalten, zu zechen oder sich von ihren musikalischen oder tänzerischen Darbietungen in Stimmung bringen zu lassen. Allerdings war diese Form der Edelprostitution durchaus in den üblichen Verlauf eines *convivium* eingebettet. Es gehörte zur Kultiviertheit solcher Engagements, dass man nicht direkt und ausschließlich ‚zur Sache' kam, sondern sexuelle Dienstleistungen Bestandteil eines heiter-genussvoll-frivolen Abends waren. Die Einladung zweier Halbwelt-Damen hinderte den Gastgeber nicht daran, auch einen Flötenspieler und eine Kastagnetten-Virtuosin zu engagieren, die für ein stimmungsvolles Ambiente sorgten.[30]

Lukullisches Vorspiel zur Liebesnacht

Und es sah ebenfalls anders aus, wenn es um Rendezvous zu zweit oder in ganz intimen Zirkeln ging. Wie das romantische *candle-light*-Dinner in privatem Rahmen oder in einem stilvollen Restaurant heutzutage den Auftakt zu einem intensiveren Tête-à-Tête bildet, so luden auch römische Kavaliere zu solch lukullischem Vorspiel in ihr Triclinium ein.[31] Eine Reihe pompejanischer Wandmalereien und Mosaiken illustriert das. Sie zeigen Liebespaare beim Gelage, meist schon nach dem Essen und deshalb nur mit Trinkbechern, Weinkrug oder Amphore, in liebevoller Umarmung, beim Kuss oder auch schon beim Austausch weitergehender Zärtlichkeiten. Dienerinnen und Diener störten dabei offensichtlich nicht; vor Sklaven hatten viele kein Schamempfinden. Seltener sind Gelageszenen mit zwei oder mehr Liebespaaren.

In einigen Fällen schmückten solche Fresken die Wände von Sommer-Triclinien, halb offenen Bankett-„Räumen" im Garten, die meist mit einem textilen Schutzdach überspannt waren. Sie hatten wie die

Triclinien im Haus breite gemauerte Liegen, auf denen Polster und Decken lagen. Bei Dunkelheit sorgten Kandelaber für ein dämmriges Licht, das die stimmungsvolle Atmosphäre lauschiger mediterraner Sommernächte verstärkte. Kein Zweifel, dass die Liebespaare die einer dieser Szenen schriftlich hinzugefügte Aufforderung einer Sängerin in jeder Hinsicht ernst nahmen: *facitis suaviter, ego canto,* „macht es euch gemütlich, ich singe dazu."[32]

Gewöhnlich dürfte sich das Liebesgeschehen nach dem weinbegleiteten Präludium vom Triclinium ins Cubiculum, das Schlafzimmer, verlagert haben. So jedenfalls stellen es die Dichter der Liebeselegie dar, unsere ergiebigsten und anschaulichsten Quellen für diese intime Gestaltung des Nachtlebens. In ihrer Welt ist die erfüllte Liebesnacht der Kontrapunkt zu dem leidvollen Paraklausithyron: Jubelnd schwärmen sie von der *nox candida* oder *beata,* der „strahlenden, glücklichen Nacht", in der die Geliebte sie göttergleich gemacht habe: „Noch eine solche Nacht, und ich werde unsterblich sein!"[33]

Die Nacht ist nicht zum Schlafen da ...

Es ist sicher mehr als ein literarischer Topos, dass sich der Liebesakt vorwiegend in der Nacht vollzog – und zwar auch in Kreisen, denen berufliche Verpflichtungen und Erwerbsarbeit nicht im Wege standen, um die *gaudia Veneris,* die „Liebesfreuden"[34], auch tagsüber zu genießen. Nur selten hören wir davon, dass auch am Mittag geliebt wird.[35] Viel üblicher ist es, der Nacht entgegenzufiebern, ungeduldig auf die Dunkelheit zu warten: „Eile auf mein Lager, Mädchen!", fordert Properz die Geliebte auf und wendet sich in einem zweiten Imperativ an die Sonne: „Verkürze deine Bahn, will ja fast rasten dein Licht!"[36] Umgekehrt wird Luna aufgefordert, stehen zu bleiben und so die Nacht zu verlängern. Aurora, die Göttin der Morgenröte, erscheint geradezu als Feindin: „unwillkommen den Männern, unwillkommen den Mädchen".[37]

Der sprachliche Befund zeigt das gleiche Bild. Wenn die Frau den werbenden Liebhaber erhört, so „verspricht", „gibt" oder „gewährt" sie ihm „Nächte" – *noctem* oder *noctes dare,* „eine Nacht bzw. Nächte geben" ist in der Welt der gehobenen Prostitution ebenso eine gängi-

> **Leugnen sinnlos!**
>
> Denn dass du nicht allein die Nächte durchschläfst,
>   kündet laut das – vergeblich – stumme Lager,
> das von Kränzen und Syriens Salben duftet,
> sagt das Kissen, das rechts und links gleichmäßig
> abgescheuerte, sagt der Bettstatt Zittern,
> ihr Geknarre und Hinundhergeschaukel.
>
> Catull, carmen 6, 6 ff. (Ü: O. Weinreich)

ge Redewendung für die Erfüllung sexuellen Verlangens wie im Ambiente der Liebeselegie[38] (die freilich, das ständige Fordern von „Geschenken" seitens der Geliebten zeigt es, nicht ganz so weit vom Milieu der ungeschminkt käuflichen Liebe entfernt ist). Zum Rollenspiel der erotischen Partnerschaft gehört es, dass der Mann „eine Nacht fordert" (*noctem poscere*) und die Frau ihm bisweilen „eine Nacht verweigert" (*noctem negare*).[39]

Eine *nox vidua* schließlich, eine „unverheiratete Nacht", ist eine, die man einsam, ohne Partner oder Partnerin zubringt – sexuell geradezu eine verlorene Nacht.[40] Als entsprechend „unglücklich" gilt, „wer es vermag, die ganze Nacht zu ruhen, und den Schlaf einen großen Segen nennt".[41]

Vom „Segen des Schlafes" wollten die Elegiker nichts wissen. Die ‚Generation', für die sie sprachen, wollte die Freuden der Nacht bis zur Neige auskosten, „die Nacht mit Liebesspiel verbringen" (*noctem lusu consumere*).[42] Dieses Spiel war leidenschaftlich und heftig. Das Ideal der Dichter waren ja „Kriege" (*rixae nocturnae; bella nocturna*)[43]; Kriegsgetümmel auf dem Lager, erbittertes Ringen, eine Abfolge von „Kämpfen auf engem Bett".[44]

Kriegsgetümmel auf engem Lager

militat omnis amans, schreibt Ovid bekanntlich programmatisch über eine seiner Elegien, „jeder, der liebt, ist im Kriegsdienst".[45] Die *militia Veneris* („Kriegsdienst für Venus")[46] wird der üblichen *militia* selbstbewusst, ja provokant entgegengesetzt. Muss sich nicht auch ein Liebhaber gegen den Nebenbuhler behaupten, sich in die Burg des ‚Feindes' Einlass verschaffen, die Wachen überlisten, notfalls auch durch nicht ungefährliches ‚Fensterln' an sein Ziel gelangen („wie oft hing ich am Seil, kletternd mit wechselnder Hand, bis ich am Halse dir lag?")?[47]

Muss nicht auch er im ‚Liebeskampf' bestehen, Ruhm dadurch erwerben, dass er „die ganze Nacht über im Dienst nicht versagt"[48] („in einer Nacht kann ich viermal", drückt es der Satiriker Martial deutlich weniger galant aus)?[49] Führen nicht Aufwallungen von Eifersucht zu heftigen körperlichen Attacken, zum Zerreißen der Kleidung, Zerkratzen der Haut, Bissen am Hals und nicht minder leidenschaftlichen Friedens-‚Verhandlungen'?[50]

Zum *sermo amatorius*, der spezifischen „Sprache der Liebenden", gehören Begriffe wie *capere* und *captare, vincere* und *resistere, repugnare* und *se tradere* ganz selbstverständlich („erobern, besiegen, Widerstand leisten, sich ergeben"). Die Metaphorik liegt nahe. Neu ist bei den Elegikern, dass sie den Dienst unter dem Kriegsherrn Amor als eine Daseinsform propagieren, die im Unterschied zum regulären Kriegsdienst keine wirklichen Opfer fordert: „Auf *diesem* Gebiet bin ich ein guter Offizier, ein guter Soldat!", stellt Tibull in seiner ersten Elegie fest und fügt hinzu: „Fort mit euch, Fahnen und Trompeten!"[51]

Wie sich die „nächtlichen Kämpfe" im Einzelnen gestalteten, blieb natürlich jedem Liebespaar selbst überlassen – ganz gleich, ob es sich zur ‚elegischen Generation' zählte oder die Liebesfreuden der Nacht ganz ohne programmatische Fundierung genoss. Ob ein Lämpchen brennen blieb oder ob das Licht gelöscht wurde, wie es ‚altrömisches' Schamgefühl nahe legte, war ein in der erotischen Dichtung nicht unerhebliches Detail[52]; in der Realität des Alltags war es sicher ein untergeordneter Gesichtspunkt. Viele römische Öllämpchen waren mit erotisch-sexuellen Motiven verziert oder sogar in Form von Gestalten mit erigiertem Phallus gearbeitet[53]; das sagt freilich nichts über einschlägige Vorlieben der Eigentümer beim nächtlichen ‚Liebeskampf' aus: Erotica erfreuten sich ganz allgemein als Wohnaccessoires großer Popularität.

Auch was die Intensität des nächtlichen Kampfgeschehens auf dem Bett angeht, setzten die Elegiker keine allgemein gültigen Maß-

> ### „Muster einer (Liebes-)Nacht"
>
> „Kämpfe, und kämpfe wacker! Denn ich will dir nicht weichen und nicht den Rücken kehren. Im Handgemenge, Aug in Auge, wenn du ein Mann bist, richte dich aus, mach einen beherzten Vorstoß und töte mit Todesverachtung! In der heutigen Schlacht wird kein Pardon gegeben!" Mit diesen und derlei Ringkämpfen betätigten wir uns durchwachend bis zum Morgen (...). Nach dem Muster dieser Nacht fügten wir noch manche andere dieser Art hinzu.
>
> Apuleius, Metamorphosen II 17, 3 ff. (Ü: E. Brandt)

stäbe, zumal auch sie sanftere Formen des „süßen Streits" (*dulcis rixa*)[54] kannten. Vor Beifall von der falschen Seite waren sie nicht gefeit. Ausgerechnet der tyrannische Kaiser Domitian war ein Anhänger der *rixa nocturna*, ein sprachlich kreativer noch dazu. Seine Gewohnheit, sich mit seinen Konkubinen nachts ebenso intensiv wie häufig zu „üben" (*exercitatio*), nannte er mit einer griechischen Wortschöpfung *klinopale*, „Bettringen" oder „Sofaturnen".[55]

Ob dieser sportive Vergleich Venus als „Priesterin der nächtlichen Weihen"[56] gefallen hat?

ad lychnuchos – Nächtliche Schauspiele im Fackelschein

Staatsempfang im Lichtermeer

Dem exzentrischen Kaiser Nero konnte man vieles nachsagen – aber nicht, dass er keinen Sinn für pompöse, glanzvolle Inszenierungen gehabt hätte. Auch auf außenpolitischem Parkett hatte er ein Gespür dafür. Und deshalb geriet die offizielle ‚Inthronisierung' des Parther-Prinzen Tiridates zum römischen Klientelkönig zu einem denkwürdigen Schauspiel mit glänzender propagandistischer Wirkung für beide Seiten. Der Hintergrund ist rasch erzählt. Der Partherkönig Vologaises setzte im Jahre 52 oder 53 seinen Halbbruder Tiridates zum Herrscher über Armenien ein – offenbar ohne Rücksprache mit der ‚Schutzmacht' Rom, die das als unfreundliche Intervention in ihrer Einflusssphäre deutete und dem neuen König die Anerkennung verweigerte. Rund ein Jahrzehnt diplomatischen Tauziehens mit kriegerischen Intermezzi ging ins Land, bevor sich Tiridates bereitfand, sein Königsdiadem vor einem Bild Neros niederzulegen. Als Belohnung für seine Demutsgeste war vereinbart, dass er es wenig später in Rom aus den Händen des römischen Kaisers wieder in Empfang nehmen sollte.[1]

Die geplante Romreise verzögerte sich zwar aus unbekannten Gründen, aber im Jahre 66 war es so weit. Tiridates reiste mit gewaltigem Hofstaat nach Italien. Angeblich befanden sich nicht weniger als 3000 parthische Reiter in seinem Gefolge. Der Mann liebte die publikumswirksame, dem eigenen Ego schmeichelnde Show. Und Nero wusste, was er diesem auf prunkvolle Selbstdarstellung erpichten

Gast schuldig war. Er schickte ihm einen zweispännigen Wagen und ließ ihn in allen Städten Italiens, durch die er mit seinem Gefolge kam, aufs Herzlichste willkommen heißen. Tag für Tag soll der Huldigungstrip des armenischen Königs den römischen Steuerzahler 800 000 Sesterze gekostet haben. In Neapel kam Nero seinem Gast entgegen. Die Investition hatte sich gelohnt: Tiridates kniete auf dem Boden nieder, kreuzte seine Arme und nannte Nero seinen Herrn.[2]

Der letzte Akt und Höhepunkt des diplomatischen Schauspiels war der Einzug des Klientelfürsten in der Hauptstadt des Reiches, dem er seine Macht verdankte. Nach einem Zwischenstopp in Puteoli, wo ihm exquisite Gladiatorenspiele mit Tierhetzen geboten wurden – der Gast bedankte sich auf seine Weise, indem er aus seiner Loge heraus auf wilde Tiere schoss –, kam er gemeinsam mit Nero in Rom an.

Auch hier hatte der Gastgeber in unnachahmlicher Weise Regie geführt. Man erreichte Rom, als die Nacht schon hereingebrochen war – zu normalen Zeiten ein wenig spektakuläres Erlebnis, weil die bei Tage durchaus eindrucksvolle architektonische Kulisse der Residenz des römischen Kaisers im Dunkel kaum Anlass zur Bewunderung gab, da man schlicht nichts sah. Glaubt man der Überlieferung, so tauchten die beiden Herrscher damals in ein wahres Lichtermeer ein: „Die ganze Stadt war mit Lichtern und Kränzen geschmückt", berichtet der Chronist.[3] Eine genauere Beschreibung gibt er nicht. Man tut gut daran, sich hier wie bei ähnlichen Berichten über nächtliche Illuminationen keine übertriebenen Vorstellungen zu machen. Sicher war nur das Zentrum Roms – rings um das Forum Romanum – von zahlreichen Fackeln und Feuertöpfen erhellt, zudem die Straßen, auf denen die beiden mit ihrem Gefolge in die City einfuhren. Aber angesichts der sonst im nächtlichen Rom herrschenden Finsternis war das von Nero in Auftrag gegebene Spektakel ein eindrucksvolles Ereignis, das die Menschen zu Zehntausenden aus den Häusern lockte.

Das war durchaus beabsichtigt. Die kaiserliche Regie setzte auf einen pompösen Einzug, bei dem die Volksmassen gewissermaßen Spalier standen und dem Kaiser und seinem Gast zujubelten. Die nächtliche Inszenierung hatte Erfolg. Selbst auf die Dächer der Gebäude waren zahllose Menschen hinaufgeklettert, um das seltene Schauspiel mitzuerleben. Der eigentliche *event* war nicht der Einzug der Herrscher, sondern die Ewige Stadt im Fackelschein.

Um so besser, wenn die Waffen und Feldzeichen der Soldaten im künstlichen Licht „wie Blitze leuchteten".⁴ Nero konnte zufrieden sein. Die ‚Lichtspiele' hatten zwar viel Geld verschlungen, aber das war eine gute Investition in repräsentative Selbstdarstellung und kaiserliche Prunkentfaltung. Sie verfehlte ihren Eindruck weder auf den Gast noch auf sein eigenes Volk.

Massenunterhaltung bei Tageslicht

Der Anlass des Fackelspektakels – der nächtliche Empfang eines auswärtigen Königs – war, soweit wir das den Quellen entnehmen können, singulär. In den Genuss einer Illuminierung von Teilen der Hauptstadt kam die Bevölkerung Roms dagegen ab und zu schon. Gleichwohl waren das höchst seltene Gelegenheiten, angesichts der für die Antike damit verbundenen technischen Schwierigkeiten und finanziellen Aufwendungen ganz außergewöhnliche Ereignisse.

Die Massenunterhaltungen im Theater und im Circus, in der Arena und im Stadion fanden in aller Regel bei Tageslicht statt. Schon die Größe der Anlagen erlaubte normalerweise keine künstliche Beleuchtung: Die Theater als kleinste open-air-Unterhaltungsstätten der Römer hatten Zuschauerkapazitäten von mehreren Tausend; das Colosseum hatte mehrere zehntausend Sitzplätze, die Tribünen des Circus Maximus nahmen bis zu einer Viertelmillion Menschen auf – Dimensionen, die reguläre Fackelbeleuchtung illusionär machten.

Im Unterschied zu heutigen Usancen ging man also bei Tageslicht ins Theater. Die Gladiatorenkämpfe und Tierhetzen fanden ebenso während der hellen Tagesstunden statt, sodass Sonnensegel über dem Zuschauerraum als willkommener Komfort geschätzt waren. Mit dem Versprechen *vela erunt*, „es wird Sonnensegel geben", luden Spielgeber in der Provinz zum Besuch der von ihnen finanzierten Kampfshows ein.⁵ In Rom waren Matrosen der Kriegsflotte zur Bedienung der *vela* im Colosseum abgeordnet.⁶ Wenn die Zuschauer ‚Nacht' mit dem Circus Maximus assoziierten, dann bezog sich das allenfalls auf ihren Aufbruch zu den Rennen. Da der Andrang groß war, machten sich viele schon vor der Morgendämmerung auf den Weg, um im Gerangel um die besten – und kostenlosen! – Plätze die

Nase vorn zu haben. Manchmal waren es große Menschenmassen, die sich lärmend vor Tagesanbruch durch die Straßen wälzten und andere im Schlaf störten.[7] Die Wagenrennen selbst aber fanden tagsüber statt.

Das blieb auch so, als Nero im Jahre 60 ein *quinquennale certamen* („alle fünf Jahre ausgetragener Wettkampf") stiftete, das nach griechischem Vorbild erstmals in drei Sparten unterteilt war: hippische Agone (Wagenrennen), gymnastische Wettbewerbe, deren Popularität sich in Rom stets in Grenzen hielt, und musische Preiskämpfe in den Disziplinen Gesang, Poesie, Musik und Beredsamkeit.[8] Mit der ihm eigenen Bescheidenheit taufte der Kaiser seine Stiftung auf den Namen Neronia.

Neros Licht-Festspiele

Für die Premiere des neuen Festes hatte Nero sich etwas Besonderes ausgedacht, das es möglichst mit einem Paukenschlag sozusagen in die Schlagzeilen brachte – oder besser: zum Stadtgespräch machte und für seine besondere Attraktivität warb: Die Theateraufführungen fanden Tag *und Nacht* statt. Ein Luxus, wie er zu dem maßlosen, aber wegen seiner ‚volksfreundlichen' Show-Höhepunkte bei den Massen nicht unbeliebten Kaiser passte, dass da die Bühne offenbar gleich mehrere Nächte über in üppiges Fackellicht getaucht wurde. Die meisten Leute fanden das außergewöhnliche nächtliche Theater-Ereignis großartig. Nur ein paar Bedenkenträger knurrten, die öffentliche Moral werde durch solch zügelloses Treiben (*licentia*)[9] noch weiter zerrüttet.

Es meldeten sich aber auch Kritiker zu Wort, die mehr als nur moralische Bedenken geltend machten. Ihnen hielt man zwei Argumente entgegen. Zum einen betreffe es ja nur ganz wenige Nächte in fünf Jahren, dass solch ein glanzvoller *event* geboten werde. Und im Übrigen „könne bei dem hellen Fackelschein nichts Unerlaubtes verborgen bleiben". Da Nero die Pantomimen gar nicht erst zum Wettbewerb zugelassen habe, sei das sittlich besonders Anstößige ohnehin von den Neronia verbannt.[10]

Die Anhänger Neros und seiner Wettkämpfe sollten Recht behalten. Es blieb während der nächtlichen Theateraufführungen alles ru-

> ### Ein „Lernort der Zuchtlosigkeit" auch noch mit Nacht-Lizenz?
>
> Überhaupt (kritisierten ältere Leute) würden die allmählich außer Gebrauch gekommenen Sitten der Väter völlig beseitigt mit Hilfe der (aus Griechenland) hereingeholten Zuchtlosigkeit. Deren Zweck und Folge sei es, dass man alles, was irgendwo sich verführen lasse oder verführen könne, auch in Rom zu sehen bekomme und eine Entartung der Jugend durch die Ausländerei vor sich gehe, wenn sie in Ringschulen laufe und sich dem Müßiggang und schandbaren Liebesverhältnissen hingebe (…) Auch die Nächte habe man dem schändlichen Treiben zugeschlagen, damit keine Zeit für anständige Gefühle bleibe, vielmehr in lockerem Kreise gerade die verworfensten Elemente alles, wonach es sie am Tage gelüstet habe, unter dem Schutz der Dunkelheit wagen könnten.
>
> Tacitus, Annalen XIV 20, 4f. (Ü: E. Heller)

hig – auch aus moralischer Sicht. Die ‚Fackel-Spiele' arteten nicht zum Skandal aus.[11]

Mochten die Athletenwettkämpfe auch auf ein zurückhaltendes bis skeptisches Publikum gestoßen sein, so hatten doch neben den äußerst populären Wagenrennen auch die so aufwändig inszenierten musischen Agone die Neronia zu einem Erfolg gemacht – das verwöhnte stadtrömische Publikum wusste neue Superlative zu schätzen, und nächtliche Bühnendarbietungen *waren* ein Superlativ. Grund genug also, das Festival im Jahre 64 zu wiederholen.

Überschattet wurden die zweiten Neronia allerdings durch den Ehrgeiz des Kaisers, sich selbst als Künstler zu präsentieren und feiern zu lassen. Der Senat versuchte im Vorfeld, das peinliche Schauspiel abzuwenden, indem er Nero vor Beginn der Spiele den Sieg in Gesang und Rhetorik anbot. Aber Nero lehnte ab. Er wollte den großen Auftritt vor Tausenden von Zuschauern, denen er seine „himmlische Stimme" nicht vorenthalten zu dürfen glaubte.[12]

So ganz verließ er sich indes auf seine himmlische Stimme nicht. Im Zuschauerraum waren zahlreiche Einpeitscher verteilt, die das Publikum zu frenetischen Begeisterungsstürmen trieben. Und es gab genügend Geheimagenten, die als ‚Applaus-Polizei' fungierten und diejenigen denunzierten, die zu wenig enthusiastisch klatschten oder sich eine unbeteiligte oder gar unfreundliche Miene zu Schulden kommen ließen. Tacitus zufolge wurden etliche dieser Spielverderber mit dem Tode bestraft. Der Terror ging so weit, dass manche Zuschauer „Tag und Nacht auf ihren Sitzen ausharrten", weil sie fürchteten, das Verlassen des Theaters könne als Majestätsbeleidigung missdeutet werden.[13] Das ist der einzige Hinweis darauf, dass auch die Neronia des Jahres 64 teilweise *ad lychnuchos*, „bei Fackelschein", stattgefunden haben.

Fast unnötig zu ergänzen, dass der große Künstler auf dem Kaiserthron gleich als dreifacher Sieger über die Konkurrenz triumphierte. In den Sparten Dichtung und lateinische Beredsamkeit erhielt er den Siegeskranz nach einstimmigem Beschluss seiner Mitbewerber. Den Preis als Kitharöde (Sänger mit eigenem Kitharaspiel) sprach ihm die Jury zu, auf deren Urteil er „mit gespielter Angst" (Tacitus) gewartet hatte.[14]

Nachtvorführungen als Superlative kaiserlicher Großzügigkeit

Neros Licht-Festspiele waren eine Attraktion, die ohne Zweifel ihren Eindruck auf das Volk nicht verfehlte. Was er den Leuten bot, war außergewöhnlich. Einzigartig war es nicht. Schon sein Vorvorgänger Caligula hatte dieses As im Großzügigkeits-Wettbewerb kaiserlicher Herrschaftssicherung ausgespielt – ebenfalls, wie es nahe lag, bei *ludi scaenici*, also im Theater. Sein Biograph Sueton rühmt die Häufigkeit und den Abwechslungsreichtum der von Caligula organisierten Theateraufführungen und fügt dann als Höhepunkt dieses aufwändigen Entertainment-Programms hinzu, die Bühnenshow habe einmal auch „bei Nacht stattgefunden, wobei in der gesamten Stadt Fackeln angezündet waren".[15] Auch hier wird man sich keine übertriebenen Vorstellungen machen dürfen: *tota urbs*, „die gesamte Stadt", dürfte sich auf den Kernbereich, die City Roms, beziehen, wo sich tagsüber das politische, gesellschaftliche und ein großer Teil des wirtschaftlichen Lebens abspielte.

In ähnlicher Weise bemühte sich Domitian, von 81 bis 96 römischer Kaiser, sein Hauptstadt-Volk mit ebenso prächtigen wie kostspieligen Schauspielen für sich einzunehmen, und zwar im Circus wie im Amphitheater. Die künstliche Seeschlacht, die er im neu erbauten Colosseum ausrichten ließ, setzte schon ganz außergewöhnliche Maßstäbe. Einen weiteren Höhepunkt erlebten das gewaltige Bauwerk und Zehntausende von Zuschauern, die auf seinen Rängen Platz genommen hatten, als Domitian Tierhetzen und Gladiatorenkämpfe nachts bei Fackelschein veranstalten ließ. Als besondere ‚Raffinesse' bot er dem Publikum Nachtvorführungen weiblicher Gladiatoren.[16]

Auch in dem Bericht über diese – zumindest in der Kombination Nacht plus Frauen in der Arena – sensationelle Premiere wird deutlich, dass solche nächtlichen *spectacula* nach wie vor die ganz große Ausnahme waren. Sie kamen alle Jubeljahre einmal vor; i-Tüpfelchen gewissermaßen auf dem regelmäßigen, extrem aufwändigen Programm der Massenunterhaltung – und eben deswegen von den Chronisten der Nachwelt überliefert. Vom an sich schon bemerkenswerten ‚Standard' der für ein ebenso anspruchsvolles wie verwöhntes Publikum inszenierten *spectacula* waren die nächtlichen Darbietungen weit entfernt – selbst wenn man die Nachricht eines Historikers ernst nimmt, Domitian habe Spiele *ad lychnuchos* „des öfteren" veranstaltet.[17]

Nachtvorführungen waren Teil einer Spirale der Superlative, mit der die Kaiser sich bemühten, dem stadtrömischen Publikum noch wieder etwas Neues, Unerhörtes zu bieten und eine neue popularitätsfördernde Rekordmarke im Millionenspiel der Massenunterhaltung zu setzen, getrieben von dem Ehrgeiz, die Vorgänger im *spectacula*-Luxus nach Möglichkeit zu überbieten. Den Grund zu dieser Spirale der Superlative hatten die Politiker der späten Republik gelegt, die große Geldsummen in den Unterhaltungs-‚Apparat' pumpten, um sich bei der Bewerbung um hohe Staatsämter der Wählergunst zu versichern. Schon der in augusteischer Zeit lebende Geschichtsschreiber Livius hat die mit viel Eigendynamik vorangetriebene Entwicklung zu immer mehr und immer teureren Spielen hart kritisiert. Er spricht im Zusammenhang mit der Ausweitung des Schauspielwesens von einem „selbst für reiche Monarchien kaum noch erträglichen Wahnsinn", der sich „aus vernünftigen Anfängen" geradezu hochgeschaukelt habe.[18]

Im Rahmen dieses „Wahnsinns" hatte es tatsächlich schon in Zeiten der Republik – allerdings wohl kaum vor der Mitte des 2. Jahrhundert v. Chr. – erste Versuche mit künstlich illuminierten Nachtprogrammen gegeben. An den ludi Romani, den zu den ältesten Festen zählenden „Römischen Spielen", wurde „das Forum einst mit Laternen geschmückt", berichtet der Satiriker Lucilius.[19] Näheres erfahren wir aus dem kontextlosen Fragment nicht. Es ist denkbar, dass die damals noch auf dem Forum ausgetragenen Gladiatorenkämpfe bei einer besonderen Gelegenheit im Lichte von Fackeln stattgefunden haben. Gladiatoren-Shows bei künstlicher Beleuchtung sind immerhin auch für die Provinz bezeugt. In Pompeji spendeten einige Sponsoren Amphitheater-Sitze „statt Spielen und Illuminationen" (pro lud[is] lum[inibus]).[20]

Es ist aber auch möglich, dass das Forum nur festlich illuminiert und zentrale Gebäude angestrahlt waren. Ebenso wenig erhellend ist Ciceros Hinweis, die Aedilen hätten die Stadt manchmal beleuchten lassen.[21] Viel mehr als eine Beleuchtung wichtiger Plätze, Straßen, Säulenhallen und Tempel im unmittelbaren City-Bereich zu feierlichen Anlässen ist darunter wohl kaum zu verstehen. Von einer regulären Straßenbeleuchtung ist gerade nicht die Rede, weil Cicero mit „manchmal" ausdrücklich den Ausnahmecharakter solcher Illuminationen betont.

Inszenierung einer neuen Ära – auch bei Nacht

Wegen ihrer Seltenheit blieben nächtliche Licht-Spiele tief in der Erinnerung all derer haften, die sie erlebt hatten. Diesen Effekt nutzte Augustus, als er im Jahre 17 v. Chr., vierzehn Jahre nach seiner faktischen Machtübernahme als Monarch, feierlich den Beginn eines neuen Zeitalters zelebrierte. Um die neue Ära – eine Epoche des Wohlstandes und Überflusses, des Friedens und der Sittlichkeit – propagandistisch gebührend einzuläuten, belebte der Kaiser ein altes Zeremoniell: die (angeblich) alle 100 Jahre begangene Säkularfeier, die mit der Sühnung vergangener Schuld fürbittende Opfer für das nächste *saeculum* („Jahrhundert") verband, wurde drei Tage lang mit großem kultischem Aufwand und eindrucksvollen bildhaften Inszenierungen veranstaltet. Den von Horaz verfassten Festgesang, das *carmen saeculare*, trugen dreimal sieben weiß gekleidete Knaben und Mädchen vor.

Was lag näher, als die erhabene Stimmung auch auf die Nacht auszudehnen und nächtliche Opferrituale zu einem von Fackeln erleuchteten feierlichen *spectaculum* aufzuwerten? Ein begnadeter Propagandist wie Augustus ließ sich diese ergreifende Show-Wirkung nicht entgehen. In gleich drei Nächten, vom 1. bis zum 3. Juni, führte er persönlich drei Opferhandlungen im Fackelschein durch – zunächst eine für die Moiren als Schicksalsgöttinnen, in der zweiten Nacht für die Eileithyien, die Geburtshelferinnen und Förderinnen der Fortpflanzung von Mensch und Tier, und in der dritten Nacht für die Terra Mater, die göttliche Mutter Erde als Spenderin der Fruchtbarkeit. Ihr „opferte Augustus (...) eigenhändig eine trächtige Sau. Wer dabei war, vergaß die Szene nicht".[22] Und damit sie sich auch weit über Rom hinaus verbreitete, erschien sie auch auf einer der nächsten Münzserien des Princeps.

In seinem „Säkularlied" lässt Horaz die jungen Sänger nicht nur darum bitten, dass „der Sonnengott Phoebus Roms Macht und Italiens Glück auf ein neues Jahrhundert von Jahr zu Jahr schöner erblühen lasse".[23] Er macht auch deutlich, dass sich das ganze Volk diesem Wunsch anschließt und sich von Augustus begeistert in das neue Zeitalter mit seinen nahezu paradiesischen Zuständen mitnehmen lässt. Die Römer dokumentieren diese Einigkeit und Einmütigkeit mit ihrem „ersten Bürger", indem sie in Massen an den Festlichkeiten teilnehmen – und zwar auch in „volkreichen Nächten".[24] Da die neue Ära aber auch durch mehr Sittenstrenge und Anstand geprägt sein soll, hatte der Kaiser ausdrücklich angeordnet, dass „Jugendliche beiderlei Geschlechts am nächtlichen Schauspiel nur in Begleitung eines älteren Verwandten" teilnehmen dürften[25] – durch die festlich illuminierten Straßen tobende, johlende Halbwüchsige passten nicht zum Image und Programm der feierlichen Inszenierung.

Auf die beeindruckende Gestaltung der *ludi saeculares* der augusteischen Zeit griff man im Jahre 248 zurück, als der 1000. Geburtstag Roms trotz der damals herrschenden Wirtschaftskrise mit allem

Pomp begangen wurde. Auch diesmal wurden drei Nächte in das Festprogramm einbezogen. Zumindest das Marsfeld erstrahlte in (vergleichsweise) hellem Licht von Fackeln und brennenden Pechpfannen. Höhepunkt waren nächtliche Theateraufführungen[26]: Der Glanz dreier illuminierter Nächte spiegelte den Glanz der 1000 Jahre römischer Geschichte, die als einzigartige politische und zivilisatorische ,Erfolgsstory' erschien.

Menschliche Fackeln in Neropolis

Kein zivilisatorisches Glanzstück war dagegen ein *ad-lychnuchos*-Schauspiel, mit dem wir noch einmal auf Nero zurückkommen müssen. Der verheerende Brand, der Rom im Jahre 64 heimsuchte und den der Kaiser – vermutlich auch während der Nacht – als gewaltiges *spectaculum* wahrnahm, zu dem er, als Kitharöde gekleidet, den Fall Trojas besang[27], erschütterte die Hauptstadt und ihre Bewohner zutiefst. Die Stimmung heizte sich von Tag zu Tag auf; viele Menschen glaubten Gerüchten, denen zufolge der Kaiser selbst die Brandstiftung in Auftrag gegeben hatte. Wollte er Rom in Neropolis („Nero-Stadt") umbenennen? Stand die Einäscherung ganzer Stadtteile im Dienste einer umfassenden architektonisch-urbanistischen Neukonzeption, die Nero ,seiner' Stadt zugedacht hatte?[28]

Die Verdächtigungen schossen ins Kraut, und es gab „keinen Fluch, den die Bevölkerung damals nicht gegen Nero geschleudert hätte, ohne seinen Namen zu nennen".[29] In dieser gefährlichen Situation sah sich Nero nach einem Sündenbock um. Er fand ihn in den Christen. Ihnen begegnete man wegen ihres nonkonformistischen, zurückgezogenen Lebensstils mit Misstrauen. Viele trauten ihnen alle möglichen Untaten (*flagitia*) zu[30] – darunter Inzest und Päderastie, Geheimbündelei und Kindermord. Selbst Tacitus, der sie unmissverständlich als Opfer von Neros Ablenkungsstrategie bezeichnet, spricht von einem „verhängnisvollen Aberglauben" und ebenso „schrecklichen wie schändlichen religiösen Bräuchen" und bescheinigt ihnen „Hass gegen die Menschheit" (*odium generis humani*).[31]

Insoweit waren die Christen als suspekte Minderheit für die Sündenbockrolle geradezu prädestiniert. Nero setzte seinen perfiden

Plan mit äußerster Brutalität und Konsequenz durch. Wo seine Schergen auf Christen stießen, machten sie kurzen Prozess mit ihnen. Mehr noch – der Kaiser selbst dachte sich grausamste Methoden aus, um die ‚Schuldigen' zu Tode zu foltern. Darunter auch ein widerwärtiges nächtliches *spectaculum*, bei dem Christen in Tierhäute gesteckt, von Hunden zerrissen „oder angezündet wurden, um als Fackeln für die nächtliche Beleuchtung zu dienen, sobald der Tag zu Ende gegangen war".³²

Für dieses perverse *ad-lychnuchos*-Geschehen – Tacitus nennt es ausdrücklich ein *spectaculum*, Schau-Spiel – hatte Nero seine Gärten freigegeben und die Römer dahin eingeladen. Im Unterschied zu seinen anderen nächtlichen Inszenierungen gelang es dem Kaiser indes nicht, sein Volk damit zu beeindrucken. Obwohl man den Christen nichts Gutes wollte, regte sich beim Anblick der menschlichen Fackeln Mitleid. Die Menschen hatten den Eindruck, dass die unfreiwilligen Hauptdarsteller des unbarmherzigen nächtlichen Schauspiels „nicht für das öffentliche Wohl, sondern wegen der Grausamkeit eines Einzelnen starben".³³

Anhang – Akürzungsverzeichnis

A
Ael.	Aelian
Ambros.	Ambrosius
Amm. Marc.	Ammianus Marcellinus
AP	Anthologia Palatina
App.	Appian
Apul.	Apuleius
Aristain.	Aristainetos
Ascon.	Asconius
Athen.	Athenaios
Augustin.	Augustinus
Aur. Vict.	Aurelius Victor
Auson.	Ausonius

C
Cat.	Catull
Cic.	Cicero
CIL	Corpus Inscriptionum Latinarum
CLE	Carmina Latina Epigraphica
Cod. Iust.	Codex Iustinianus
Colum.	Columella

D
DH	Dionys von Halikarnass
Dig.	Digesten
Dio Cass.	Dio Cassius

E
Euseb.	Eusebius

F
Flor.	Florus

G
Gell.	Gellius

H
Hist. Aug.	Scriptores Historiae Augustae
Hor.	Horaz

I
Isid.	Isidor von Sevilla
ILS	Inscriptiones Latinae Selectae

J
Juv.	Juvenal

L
Lact.	Lactanz
Liv.	Livius
Luc.	Lucan
Lucil.	Lucilius
Luk.	Lukian
Lukr.	Lukrez

M
Macrob.	Macrobius
Mart.	Martial

N
Nep.	Cornelius Nepos

O
Ov.	Ovid

P

Paul.	Paulus
Pers.	Persius
Petr.	Petron
Phaedr.	Phaedrus
Plaut.	Plautus
Plb.	Polybios
Plin.	Plinius
Plut.	Plutarch
Porph.	Porphyrio
Prop.	Properz
Ps.-Ascon.	Pseudo-Asconius
Ps.-Verg.	Pseudo-Vergil

Q

Quint.	Quintilian

S

Sall.	Sallust
Schol.	Scholien
Sen.	Seneca
Serv.	Servius
Sid. Apoll.	Sidonius Apollinaris
Stat.	Statius
Suet.	Sueton

T

Tac.	Tacitus
Ter.	Terenz
Tert.	Tertullian
Tib.	Tibull

V

Val. Max.	Valerius Maximus
Vell.	Velleius Paterculus
Verg.	Vergil
Vitr.	Vitruv

Z

Zosim.	Zosimos

Anhang – Anmerkungen

vigilia –
Wach sein, wenn die anderen schlafen

1. Cic. Cat. I 4; III 4; 29; vgl. dazu Plut. Cic. 24
2. Z.B. Cic. fam. IX 9, 2,1; Plin. NH praef. 24 mit ironischem Kommentar; als *vigiliae* bezeichnet Gellius das in seinen „Attischen Nächten" Kompilierte, praef. 4 und 10
3. Strabo V 3, 8; Vitr. praef.; Ov. ars am. III 133 f.
4. Ov. trist. I 3, 28 ff.
5. Ausnahmen: Straßenbeleuchtung im spätantiken Antiochia (Amm. Marc. XIV 1, 9); die Arkadiane in Ephesos (auf 500 m beleuchtet); in Pompeji Lampen an der Hauptstraße
6. Balsdon, Life and leisure 55
7. Colum. XI 1, 14 ff.; Verg. georg. III 322 ff.; IV 132 f.
8. Sen. ep. 51, 4; Cic. Cael. 35; Tac. ann. XIV 4 ff.; dazu Weeber, Luxus im Alten Rom 70 ff.
9. *lex Iulia municipalis* (*tabula Heracleensis*): CIL I 2. Aufl. 206, 56 ff. (= Dessau ILS 6085)
10. Hor. epist. I 17, 7; Mart. IV 64, 20
11. Mart. XII 57, 4
12. Vgl. dazu auch Mart. XII 18, 13 ff.
13. Juv. III 232 ff.; vgl. Hor. epist. II 2, 79
14. Suet. Vit. 7, 3
15. Val. Max. VIII 1, 6; weitere Quelle: Liv. IX 46, 3
16. Plut. Crass 2, 4; Synkr. Nikias/Crassus 1
17. Vell. II 91, 3; Dio Cass. LIII 24, 4
18. Vell. II 91, 3 f.
19. Sen. contr. II 1, 12
20. F. Kolb, Die Geschichte der Stadt Rom in der Antike, München 2. Aufl. 2002, 557
21. Dio Cass. LIII 24, 6; LV 8; 26, 4 f.
22. Paul. Dig. I 15, 3, 3
23. Paul. Dig. I 15, 3, 1
24. Tac. hist. II 93, 2; Dig. I 12, 1, 12
25. Sen. ep. 122, 16
26. Sen. ep. 122, 15
27. Colum. praef. I 16 f.
28. Petr. 78, 6
29. Petr. 78, 7

popina –
Wirtshäuser, Kneipen und Herbergen

1. Juv. VIII 9 ff.
2. Juv. VIII 167 ff.
3. Juv. VIII 158 ff.
4. Dig. IV 8, 21, 11
5. Juv. VIII 173 ff.
6. Suet. Vit. 7, 3; Plut. Mor. 130e
7. Sen. ep. 51, 4
8. Juv. VIII 163 ff.
9. Vgl. das Kapitel *grassatio* – Nachtschwärmer mit Rowdyallüren
10. Amm. Marc. XIV 1, 9
11. Apul. Met. 8, 1
12. Cic. Cat. II 4
13. Cic. Phil. XIII 24
14. Suet. gramm. 15

15 Hist. Aug. Hadr. 16, 3f. (Ü: W. Weber)
16 Goethe, Röm. Elegien 15
17 Liv. XLV 22, 2
18 Varro r. r. I 2, 33
19 CIL IV 806; 807
20 CIL IV 3779; 807
21 CIL XII 5732 (= Bücheler CLE 121)
22 Mart. VII 61, 5
23 Suet. Nero 27, 3
24 Ps.-Verg. Copa 33; 20; 31f. (Ü: E. Geibel)
25 Ps.-Verg. Copa 37f.
26 Z. B. Ov. am. I 6, 59; ars am. I 244; Ter. Adelph. 470f.
27 Ter. Eun. 742
28 Sen. prov. 5, 3; Cic. Phil. II 31; Hist. Aug. Hadr. 16, 4; *arcana taberna*: Prop. IV 8, 21; Mart. V 84, 4
29 Hor. epist. I 14, 21f.
30 *fumosa taberna*; Ps.-Verg. Copa 3; vgl. Auson. Mos. 124
31 Sid. Apoll. ep. VIII 11, 3, V. 41ff.
32 Plin. NH IX 154
33 Hist. Aug. Hadr. 16, 4
34 Hor. sat. II 4, 62; Liv. XLV 222, 2
35 Vgl. dazu Plut. Mor. 130 e
36 Ps.-Verg. Copa 6; 31; Juv. VIII 173; 177
37 Amm. Marc. XXVIII 4, 4
38 Juv. VIII 158; vgl. auch das Kapitel *grassatio* – Nachtschwärmer mit Rowdyallüren
39 Amm. Marc. XIV 7, 25
40 Juv. IX 108; Friseur: Hor. sat. I 7, 3 mit dem Porph.-Kommentar
41 Petr. 39, 11ff.
42 Isid. Orig. X 58; Hor. sat. I 1, 29; I 5, 4; ironische Umkehrung des Motivs für das regenarme Ravenna: Mart. III 56f.
43 CIL IV 3948
44 CIL IV 1291; 1292; 1819; 2374; 3107; 1831; 8492; weitere einschlägige Graffiti: K.-W. Weeber, Decius war hier 77ff.
45 CIL XIII 10018
46 Ebenda
47 Vgl. *madidi dies*, „feuchte Tage" für die notorisch weinseligen Saturnalien, Mart. XIV 1, 9; siehe das Kapitel *alea* – Wenn der Würfelbecher die Nacht regiert
48 Sid. Apoll. VIII 11, 3, V. 42ff.
49 Suet. Vit. 7, 3
50 CIL IV 10195
51 CIL IV 8442; CIL XIII 10018, 95
52 Calza, Antike 15, 1939, 104; ähnlich Meiggs, Ostia 429ff.; in der Tendenz auch R. Neudecker, Die Pracht der Latrine, München 1994, 35ff.
53 Hor. epist. I 14, 25; Ps.-Verg. Copa, passim
54 Mart. V 84, 3ff.; Amm. Marc. XIV 7, 25; Dig. XLVII 10, 26
55 Siehe das Kapitel *alea* – Wenn der Würfelbecher die Nacht regiert
56 Prop. IV 8, 19; Amm. Marc. XIV 7, 25; CIL IV 3494i
57 Vgl. das Kapitel *grassatio* – Nachtschwärmer mit Rowdyallüren
58 Dig. XXIII 2, 43, 9
59 Cod. Iust. IX 9, 29, 28
60 Vgl. das Kapitel *infamia* – Facetten des römischen Rotlicht-Milieus
61 *turpis popina*, „schändliche Kneipe", Lucil. frg. 11 M.
62 Cat. 37, 1
63 H. Blümner, Die römischen Privataltertümer, München 1911, 454
64 Suet. Tib. 34, 1
65 Dio Cass. LX 6, 7
66 Suet. Nero 16, 2
67 Dio Cass. LXII 14, 2
68 Z. B. Suet. Tib. 34
69 Auson. Mos. 124
70 Zitiert nach Kleberg, In den Wirtshäusern 33
71 Ebenda
72 Zosim. II 8, 2; 9, 1f.; Ambros. Migne PL 16, 1399. Aber es gab ja mit Amemone von Tibur mindestens *noch* eine ehrbare Wirtin – wenn man ihrer Grabinschrift, einer freilich nicht besonders vertrauenswürdigen Textsorte, glauben will: CIL XIV 3709 (= Bücheler CLE 603)
73 CIL IV 581
74 Wahrscheinlich sollte der Aufruf ihm schaden – und die *seribibi* sind eine Erfindung seiner politischen Gegner. Verdächtig ist, dass auch alle *dormientes* („Schlafmützen") und *furunculi* („kleine Diebe") zu seiner Wahl aufrufen (CIL IV 575; 576).

alea –
Wenn der Würfelbecher die Nacht regiert

1 Suet. Aug. 71, 1
2 Cic. Rosc. com. 28; CIL IV 6877
3 Aur. Vict. 1, 4

4 Suet. Aug. 71, 2
5 Suet. Aug. 70, 2
6 Suet. Claud. 5
7 Ebenda
8 Suet. Claud. 39, 1
9 Sen. Apoc. 14 f.
10 Suet. Nero 30, 3
11 Suet. Vit. 4; Dom. 21
12 Hist. Aug. Ver. 4, 6
13 Hist. Aug. Comm. 2, 7
14 Dio Cass. LXXIV 13, 1
15 Colum. r. r. I 8, 1 f.
16 Cato r. r. 5, 2
17 Cic. off. III 91
18 Cic. Cat. II 23; Cic. Phil. III 35
19 Sall. Cat. 14, 2; Cic. Cat. II 10
20 Mart. V 84, 3 ff.
21 Ps.-Ascon. in divin. 24; vgl. Plaut. Pers. 61 ff.
22 Ov. trist. II 471 f.
23 Cic. Phil. II 56
24 Ascon. tog. cand. 84
25 Indirekt zu schließen aus Mart. XIV 1, 3
26 Dig. XI 5, 1 pr.
27 Dig. XI 5, 1, 2
28 Plaut. Curc. 354 ff.
29 CIL IV 3494e/f; *exsi* von *exire*, hier „gewinnen"; so auch V. Väänänen, Le latin vulgaire des inscriptions pompéiennes, 3. Aufl. Berlin 1966, 112
30 CIL IV 3494i
31 Dig. XI 5, 1, 4; ausführlich zum Folgenden: Kurylowicz, Glücksspiel
32 Dig. XI 5, 4, 1 f.
33 Dig. XI 5, 4, 1
34 Weeber, Luxus 161 ff.
35 Plaut. mil. glor. 164 f.
36 Hor. c. III 24, 58
37 Plaut. Curc. 354 ff.
38 Plaut. Curc. 356
39 Juv. I 88 f.
40 Juv. I 91 ff.
41 Plin. NH XIV 140
42 Ov. ars am. III 369 ff.
43 Ov. ars am. III 379 f.
44 Ov. ars am. II 203 ff.
45 Prop. IV 8, 45 f.
46 Prop. IV 8, 56
47 Aristain. I 23
48 Pers. III 48 f.
49 Ausführlich dazu Fittà, Spiele 120 ff.
50 Macrob. Sat. III 16, 15; Cic. Phil. II 56
51 Pers. V 57
52 Ov. trist. II 471 ff.
53 Pers. III 44 ff.
54 Juv. XIV 4 f.
55 Ov. Pont. IV 2, 41
56 Quint. inst. or. II 4, 22; Hor. c. III 24, 58 im Kontext der Gesamtaussage; Sen. ben. VII 16, 3
57 Mart. XIV 1, 9; Hor. sat. II 3, 5
58 Mart. V 84; Suet. Aug. 71, 2; Mart. XIII 1, 3 ff.
59 Mart. IV 14, 7 f.
60 Mart. XI 6, 2
61 Mart. XIV 1, 3
62 Petr. 122, 74
63 Mart. V 84, 3 ff.
64 Tac. Germ. 24, 2; dazu der Kommentar von A. Lund, P. Cornelius Tacitus, Germania, Heidelberg 1988, 177

infamia –
Facetten des römischen Rotlicht-Milieus

1 Juv. VI 126; vorher VI 116 ff.
2 Juv. VI 130 f.
3 Juv. VI 132
4 Z. B. Cat. 42, 13
5 Juv. VI 118
6 Suet. Claud. 26, 2; Tac. ann. XI 12; 26 ff.; vgl. dazu S. R. Joshel, Female desire and the discourse of Empire: Tacitus' Messalina, in: J. P. Hallett/M. B. Skinner (Hg.), Roman sexualities, Princeton 1997, 221 ff.
7 Dio Cass. LX 18, 1
8 Plin. NH X 172
9 Dio Cass. LXI 31, 1
10 Dierich, Erotik 77 mit Beispielen aus Pompeji; Stumpp, Prostitution 54
11 Laurence, Roman Pompeii 73 ff.
12 A. Mette-Dittmann, Die Ehegesetze des Augustus, Stuttgart 1991, 61 ff.
13 Tac. ann. II 85
14 Suet. Cal. 40; Dio Cass. LIX 28, 8
15 McGinn, Prostitution 254 ff.
16 Plaut. Curc. 33 ff.
17 So allerdings Cic. Cael. 48; vgl. auch Ter. Andr. 187 f.
18 Sall. ep. I 8, 2; Cic. Mil. 55
19 So in vielen pompejanischen Inschriften; z. B. CIL IV 4023; 4150; 4441; 8394; 5372; sogar mit Fellatio: CIL IV 1669; 8185; Mindestlohn in Rom: 1 As; Mart. I 103, 10
20 Pers. I 133 f.; mit Scholien; sowie Schol. Juv. VI 117; dazu W. Kißel, Persius-Kommentar, Heidelberg 1990, 284

21 Non. p. 684 L.
22 Cat. 58, 5; vgl. Prop. IV 7, 19; *bustuariae*: Mart. I 34, 8
23 Dig. XLVIII 5, 10, 1
24 CIL IV 10678; vgl. 10677
25 G. G. Fagan, Bathing in public in the Roman world, Ann Arbor 1999, 34 ff.; Stumpp, Prostitution 135
26 Mart. III 93, 13 f.
27 Vgl. Juv. VI 311
28 Petr. 111, 6 ff.
29 Lucil. 1289; die Lesart ist allerdings nicht zweifelsfrei.
30 Vorberg, Glossarium eroticum 384
31 Plaut. Asin. 760; Mart. I 34, 5
32 CIL IV 1454
33 Ov. ars am. II 600; III 133 f.; Sen. contr. I 2, 7; Mart. II 39; Hor. epist. I 17, 55; Varro LL VII 64; *meretrices colores*: Sen. NQ VII 31, 2
34 Publilius Syrus bei Petr. 55, 6, 15
35 Tac. ann. XV 37, 3; Petr. 7, 3
36 Plaut. Poen. 265; Fest. p. 226; Tert. apol. 6; Hist. Aug. Comm. 2, 8
37 Zu solchen *cellae* in Pompeji: Laurence, Roman Pompeii 73 ff.
38 Hist. Aug. Elag. 26, 3; Juv. III 65
39 Juv. IX 22 ff.; Plaut. Truc. 66; Curc. 471 ff.; Ov. ars am. I 67 ff.; Mart. XI 47, 3 f.
40 Aristain. ep. I 4
41 Carmina Priapea 27, 2; 19, 2 ff.
42 Cat. 55, 11 f.; vgl. Prop. II 22, 8
43 Mart. XI 45, 1 f.
44 Petr. 7, 3
45 Hor. c. I 25, 1 ff.
46 Mart. XI 78, 11 f.
47 Mart. II 17, 5; so versteht auch Stumpp, Prostitution 137, das *radit*. Andere Möglichkeit: „ausnimmt"
48 Mart. VI 66, 1 f.
49 Carmina Priapea 40, 1 f.
50 Hor. epod. V 58 f.; Mart. XI 61, 3 f.
51 Liv. III 12; ausführlich dazu siehe Kapitel *grassatio* – Nachtschwärmer mit Rowdyallüren
52 Prop. IV 7, 15
53 Plaut. Poen. 829 ff.
54 Sen. vita beata 7, 3; Schol. ad Hor. Sat. I 6, 68
55 Hor. epist. I 14, 21 ff.
56 Dig. IV 8, 21, 11
57 Dig. XXIII 2, 43, 9; III 2, 4, 2
58 Cod. Iust. IV 56, 2
59 Paul. II 26, 11
60 CIL IV 8473; 8575; vgl. auch CIL IV 2310b; 2310e; 3951; 4029; 4816; 5048; 8449
61 Pompeji VII 9, 33; Inschrift: CIL IV 794
62 Pompeji VI 10, 1
63 Pompeji VII 7, 18; insgesamt dazu: Guzzo/Ussani, Veneris figurae 12 ff.
64 Ps.-Verg. Copa 1 ff.; 20; 33 f.; 37 f.; in der freien Übersetzung von E. Geibel
65 CIL IX 2689 = Dessau ILS 7478
66 Hor. sat. I 5, 82 ff.
67 Vitr. VI 5, 2
68 Varro r. r. I 2, 23
69 Prop. IV 8, 35 f.
70 Carmina Priapea 34
71 Prop. IV 5; Ov. am. I 8; Tib. I 5, 49 ff.
72 Plaut. Aul. 753; 756 ff.; 771 ff.; 806 ff.
73 Plaut. Aul. 785 ff.
74 Liv. XXXIX 6, 8; Näheres dazu siehe Kapitel *comissatio* – Trinkgelage mit (nicht nur) „verrückten Gesetzen"
75 Plaut. Cist. 330; Poen. 217 ff.
76 Plaut. Epid. 222
77 Ov. ars am. II 275; vgl. III 533 ff.; Prop. II 16; IV 5, 54 ff.; Tib. II 4, 13 ff.
78 Hor. c. I 22, 23 f.; Sall. Cat. 25, 2
79 Luk. dial. mer. 4
80 Sen. ben. VII 9, 5; Plin. NH XI 76
81 Prop. II 1, 5 f.; IV 1, 23; Hor. sat. I 2, 101
82 Prop. I 11, 27 ff.
83 Mart. XI 80, 1
84 Cic. Cael. 49
85 Kroll, Römische Erotik 100 ff.
86 Cat. c. 109; 76; dazu R. Reitzenstein, Das *foedus* in der römischen Erotik, und D. O. Ross, Lesbia und der Wortschatz politischer Bündnisse, in: R. Heine (Hg.), Catull, Darmstadt 1975, 153 ff.
87 Vgl. Kapitel *rixa nocturna* – Liebesnächte in der römischen Elegie
88 Cic. Phil. II 105
89 Cic. Phil. II 105
90 McGinn, Prostitution 124 f.
91 Mart. I 58, 1 f.; III 62; IX 25, 1 ff.; XI 56, 11 f.; 70, 5 f.
92 Sen. ep. 47, 7
93 Mart. XI 45
94 Plaut. Poen. 1298
95 Juv. VIII 158 ff.; männliche Prostitution auch bei Juv. IX 33 ff.; Pers. IV
96 Plaut. Curc. 482
97 CIL IV 4024; 7339; 5498
98 Hist. Aug. Sev. Alex. 24
99 CIL IV 3999; 8940

comissatio –
Trinkgelage mit (nicht nur) „verrückten Gesetzen"

1 Plin. ep. III 12, 2 f.
2 Cic. Cael. 38; Att.VI 1, 25; vgl. Att. II 1, 5
3 Plut. Cato min. 6, 2 f.
4 Varro LL VII 89
5 Petr. 65, 3-67, 3
6 Petr. 68, 1
7 Mart. X 19, 19; Cic. fin. II 65
8 Hor. c. II 3, 13 ff.
9 Athen. XV 675d; Plin. NH XVI 130
10 Mart. X 20, 20; Hor. c. II 7, 7; vgl. auch Hor. c. II 11, 15 ff.; III 29, 3 f.
11 Hor. epist. I 5, 29
12 Petr. 60, 3
13 Verg. Aen. IV 58; I 734
14 Hor. c. II 11, 17 f.; Prop. III 17, 4
15 Hor. c. I 37; II 3; II 7; II 11; III 8; III 19; III 21; dazu A. La Penna, Il vino di Orazio, in: Murray/Tecusan, In vino veritas 266 ff.
16 Sen. ep. 83, 17
17 Sen. tr. an. 17, 9
18 Hor. c. III 21, 9 ff.
19 Cic. Verr. I 66
20 Cic. Tusc. V 118
21 Hor. c. I 4, 18
22 Cic. Cato maior 46
23 Athen. X 426 B ff.
24 Hor. sat. II 6, 69
25 Sen. ira II 33, 4
26 Juv. VI 427 ff.
27 *certamina in bibendo*: Plin. NH XIV 140; Zitat: XIV 139
28 Plin. NH XIV 144
29 Suet. Tib. 42, 1
30 Plin. NH XIV 145; vgl. Suet. Tib. 42, 2
31 Plin. NH XIV 148; vgl. Sen. ep. 83, 25; Mart. II 89
32 Plin. NH XIV 142
33 J. H. D'Arms, Heavy drinking, in: Murray/Tecusan, In vino veritas 308
34 Hor. c. II 7, 28
35 Plut. Mor. 621 e
36 Hor. sat. II 6, 70 ff.
37 Mart. IX 77
38 Plut. Mor. 615 F ff.
39 Plut. Mor. 636
40 AP XI 140
41 Plut. Mor. 614 F-615 A
42 Plut. Mor. 614 E
43 Lucil. bei Gell. XIII 11, 4
44 Mart. XII prol.
45 Petr. 39; 47; 48, 5 ff.; 50, 4 ff.; 55, 5-56, 7; 63; 71, 12
46 Plut. Mor. 673 A f.
47 Ausführlich dazu mit Beispielen: Athen. X 457 ff.
48 Athen. X 457 D; 458 F
49 Athen. X 457 D; 458 E
50 Dazu ausführlich siehe Kapitel *alea* – Wenn der Würfelbecher die Nacht regiert
51 Quint. I 2, 8
52 Plin. NH XIV 89; DH II 25, 6
53 Gell. X 23, 3; vgl. Plb. VI 1144
54 Z. B. Ov. ars am. I 159; Liv. XXXIV 7, 7
55 Val. Max. II 1, 5
56 Gell. X 23, 3; Plin. NH XV 110; dazu M. Bettini, In vino stuprum, in: Murray/Tecusan, In vino veritas 226 ff.; sowie N. Pucell, Women and wine, in: M. McDonald (Hg.), Gender, drink and drugs, Oxford 1994, 191 ff.
57 Siehe Kapitel *rixa nocturna* – Liebesnächte in der Welt der römischen Elegie
58 Plin. NH XIV 60
59 Sen. ep. 95, 20 f.
60 Petr. 63; 65; Plin. NH XIV 141; Cic. Verr. I 66; Plut. Mor. 712 E
61 Plin. NH XIV 141
62 CIL IV 7698
63 Ambros. Helia 17; Hor. c. III 19, 10
64 Plaut. Stich. 709
65 CIL XIII 10018; dazu Weeber, Weinkultur 77 f.
66 Hor. c. III 8, 93 ff.
67 Plut. Mor. 713 F
68 Sehr anschaulich Luk. conv. 43 ff.
69 Cic. Verr. V 28
70 CIL XIII 10018

acroama –
Tafel-Unterhaltung(en)

1 Liv. XXXIX 6, 8
2 Quint. inst. or. I 10, 20
3 Plin. ep. VI 31, 13
4 Petr. 31, 4 f.; 33, 4; 35, 6; 41, 6; 47, 8
5 Petr. 36, 1; 6
6 Petr. 31, 7
7 Gell. I 22, 5
8 Gell. III 19, 1 f.
9 Plin. ep. V 19, 3

10 Sen. ep. 27, 6
11 Juv. XI 179 ff.
12 Pers. I 30 f.
13 Plut. Mor. 711 E ff.
14 Gell. III 19, 4
15 Mart. IV 82, 5; X 19, 18 ff.
16 Corn. Nep. Att. 14, 1
17 Mart. V 78, 25; III 50
18 Plin. ep. IX 17, 3
19 Mart. VI 48; Petr. 55, 6 ff.; Freundschaft und Höflichkeit als Motiv „durchzuhalten": Plin. ep. VIII 21 in Verbindung mit ep. IX 34
20 Cic. Mil. 55; Verr. V 64; dazu R. Benz, Unfreie Menschen als Musiker und Schauspieler in der römischen Welt, Tübingen 1961
21 Macrob. Sat. II 4, 28
22 Ulp. Dig. VII 1, 15, 1
23 Plaut. Stich. 380 f.
24 Suet. Nero 27, 2
25 Hor. sat. I 2, 1 ff.; dagegen spricht allerdings das schäbige Milieu, aus dem Trimalchio seine *ambubaia* Fortunata „errettet" haben will; Petr. 74, 13
26 Sen. ep. 47, 7
27 Sen. ep. 95, 24; Hor. c. I 29, 7 f.; Mart. XII 70, 9; vgl. auch Petr. 74, 8 f.
28 Mart. V 78, 26 ff.
29 Mart. XIV 203; VI 71
30 Juv. XI 172 ff.; 164 ff.
31 Juv. XI 167 f.
32 Plin. ep. I 15, 3
33 Juv. VI 63 ff.; dazu Weeber, Panem et circenses 103 ff.
34 Plin. ep. VII 24, 4 f.
35 Macrob. Sat. II 7, 17
36 Plin. Paneg. 49, 8
37 Hor. sat. I 5, 51 ff.; Zitat V. 70
38 Mart. XIV 210; VIII 13, 1; Sen.ep. 50, 2
39 Hist. Aug. Alex. Sev. 34, 2
40 Plin. ep. IX 17, 1 f.
41 Plb. XXXI 4, 7 f.
42 Luk. symp. 23 f.
43 Petr. 53, 11 f.
44 Plin. ep. IX 17, 4

grassatio –
Nachtschwärmer mit Rowdyallüren

1 Hor. ars poet. 173
2 Liv. praef. 9 (Ü: H. J. Hillen)
3 Liv. III 13, 2
4 DH X 7, 3; Quellen für die folgende Darstellung: Liv. III 13; DH X 7
5 DH X 7, 3
6 Liv. III 13, 9 f.
7 Liv. III 13, 2
8 Georges II 2968
9 Plin. NH XIII 116
10 Kolb, Rom 105
11 *fervens*, „heiß", Juv. XI 51, wohl nicht nur auf die Temperatur bezogen; *clamosa*, „laut", Mart. XII 18, 2
12 Plaut. Most. 22 ff.; 64 f.
13 Athen. 618 C
14 B. Kaesar, Komos – Tanz der Dickbäuche, in: K. Vierneisel / B. Kaeser (Hg.), Kunst der Schale, Kultur des Trinkens, Katalog München 2. Aufl. 1992, 283
15 Plaut. Stich. 606
16 Plaut. Trin. 315
17 Plaut. Amph. 153 ff.
18 Eyben, Restless youth 108
19 Auch für das Folgende: Juv. III 268 ff.
20 Juv. III 268 ff.
21 Juv. III 302 f.; 305: Hier steht *grassator* für den mit Vorsatz handelnden Kriminellen, nicht den berauschten ‚Gelegenheitsschläger'.
22 Juv. III 289
23 Juv. III 300 f.
24 Juv. III 298 f.
25 Tac. ann. XIII 25, 1
26 Tac. ann. XIII 25, 2
27 Suet. Nero 26, 1
28 Ebenda
29 Tac. ann. XIII 25, 2
30 Suet. Nero 26, 1
31 Ebenda
32 Dio Cass. LXI 9, 3
33 Plin. NH XIII 125
34 Suet. Nero 26, 2; Tac. ann. XIII 25, 2; Dio Cass. LXI 9, 4
35 Suet. Nero 26, 2; Tac. ann. XIII 25, 3
36 Suet. Otho 2, 1
37 Dio Cass. LXIV 3, 1
38 Hist. Aug. Ver. 4, 6
39 Hist. Aug. Ver. 4, 6 f.
40 Hist. Aug. Gall. 21, 6; Comm. 3, 7
41 Juv. III 268
42 Juv. III 190 ff.
43 Apul. Met. II 18, 3
44 Augustin. conf. II 4
45 Augustin. conf. II 8
46 Ebenda
47 Augustin. conf. II 3

rixa nocturna –
Liebesnächte in der Welt der römischen Elegie

1. Tib. I 2, 37 f.
2. Ov. am. I 6, 9 ff.; 65 ff.
3. Hor. c. III 10, 4 ff.; vgl. Ov. ars am. II 235 f.; am. II 19, 21 f.
4. Ov. am. I 6, 24; 40; 48; 56; von einer „heruntergeleierten Pflichtübung" spricht N. Holzberg, Ovid, München 1997, 60
5. Tib. I 5, 68
6. Dazu F. Copley, Exclusus amator.
7. Cat. 5, 2
8. Ov. am. I 9, 1 f.
9. Prop. I 16, 5; Ov. rem. 31; am. II 10, 29; Tib. I 10, 53
10. Prop. II 1, 44 f.; dazu Weeber, Flirten 161 ff.
11. Ter. Eun. 732
12. Ov. ars am. I 237
13. Ov. ars am. I 244
14. Ov. ars am. I 520; Plaut. Pseud. 1278
15. Ov. am. I 6, 59; Plaut. Bacch. 87 f.; vgl. Ter. Adelph. 470 f.
16. Prop. II 34, 57 ff.; II 15, 51 ff.
17. Ov. ars am. I 229 f.
18. Ov. ars am. I 575 f.; AP V 261, 5 f.
19. Ov. ars am. I 571 f.; Tib. I 6, 19 f.; am. I 4, 20
20. Ov. am. III 11, 23; I 4, 17
21. Tib. I 6, 18
22. Ov. am. I 4, 16
23. Ov. am. I 4, 35 ff.
24. Ov. am. I 4, 1 ff.
25. Ov. am. I 4, 47 f.
26. Ov. am. II 5, 13 f.
27. Ov. ars am. I 245 f.
28. Ov. ars am. I 603 ff.
29. CIL IV 7698
30. Prop. IV 8, 39 f.; siehe Kapitel *infamia* – Facetten des römischen Rotlicht-Milieus
31. Apul. Met. II 16 f.
32. Pompeji, Casa del Triclinio V 2, 4; CIL IV 3442
33. Prop. II 15, 1; II 14, 10; vgl. Plaut. Curc. 166
34. Petr. 132, 15 f.
35. Cat. 61, 118 f.; Ov. am. I 5
36. Prop. III 10 ff.
37. Prop. III 21, 14; Ov. am. I 13, 1 ff.; 9; 27 ff.
38. Plaut. Truc. 32; Asin. 194; Prop. II 15, 39; Ov. rem. 306; Hor. epod. XV 12; Ov. am. I 7, 67; Tib. II 6, 49
39. Mart. I 106 f.; Ov. am. I 7, 67
40. Cat. 6, 6; Ov. her. XIX 69
41. Ov. am. II 9, 39 f.
42. Prop. II 32, 29
43. Ov. am. I 9, 45; rem. 31; Prop. III 8, 1
44. Prop. II 1, 44 f.
45. Ov. am. I 9, 1 f.
46. Prop. IV 1, 137
47. Prop. IV 7, 17 f.
48. Prop. II 22, 24; vgl. I 10, 5 ff.
49. Mart. XI 97, 1; vgl. XII 65, 1 f.
50. Prop. IV 8
51. Tib. I 1, 75 f.
52. Mart. XI 104, 5 f.; Prop. II 15, 3 f.; III 8, 1 ff.; AP V 7 f.; 128; Mart. XIV 39
53. Dazu Cantarella, Liebe und Erotik 84 f.
54. Prop. III 8, 1 f.; Ov. ars am. II 707 f.; 717 ff.
55. Suet. Dom. 22
56. Prop. III 10, 30

ad lychnuchos –
Nächtliche Schauspiele im Fackelschein

1. Dio Cass. LXII 23, 2 ff.
2. Dio Cass. LXIII 2
3. Dio Cass. LXIII 4, 1
4. Dio Cass. LXIII 4, 2
5. Z. B. CIL IV 3884; 1183 ff.; 7992 ff.
6. Hist. Aug. Comm. 15, 5 ff.; zum ganzen Komplex: R. Graefe, Vela erunt. Die Zeltdächer der römischen Theater und ähnlicher Anlagen, 2 Bde., Mainz 1979
7. Suet. Cal. 26, 4; Hist. Aug. Elag. 23, 2
8. Suet. Nero 12, 3; Tac. ann. XIV 20
9. Tac. ann. XIV 21, 1
10. Ebenda
11. Tac. ann. XIV 21, 4
12. Suet. Nero 21, 1; Tac. ann. XVI 4, 1
13. Tac. ann. XVI 5, 2 f.
14. Suet. Nero 12, 3; Tac. ann. XVI 4, 4
15. Suet. Calig. 18, 2
16. Suet. Dom. 4, 1
17. Dio Cass. LXVII 8, 4
18. Liv. VII 2, 13
19. Lucil. frg. 148 Warmington
20. CIL IV 854 ff.
21. Cic. nat. deor. I 22
22. P. Zanker, Augustus und die Macht der Bilder, München 1987, 173

23 Hor. carm.saec. 65 ff.
24 Hor. carm saec. 24
25 Suet. Aug. 31, 4
26 Euseb. Chron. II 180
27 Dio Cass. LXII 18, 1; Suet. Nero 38, 2
28 Tac. ann. XV 44, 2
29 Dio Cass. LXII 18, 2
30 Tac. ann. XV 44, 2
31 Tac. ann. XV 44, 2 f.
32 Tac. ann. XV 44, 4
33 Tac. ann. XV 44, 5

Anhang – Literaturverzeichnis

A

Adams, J. N., The Latin sexual vocabulary, Baltimore 1982
Adkins, C. und R. A., Handbook to life in ancient Rome, New York 1994
André, J. M., Essen und Trinken im alten Rom, Stuttgart 1998
André, J. M., Griechische Feste, römische Spiele. Die Freizeitkultur der Antike, Stuttgart 1994

B

Balsdon, J. P. V. D., Life and leisure in ancient Rome, 2. Aufl. London 1974
Bartèlemy, S./Gourevitch, D., Les loisirs des Romains, Paris 1975
Bettini, M., In vino stuprum, in: Murray/Tecusan, In vino veritas 224 ff.
Bomgardner, D. L., The story of the Roman amphitheatre, London 2000

C

Cahoon, L., The bed as battlefield: Erotic conquest and military metaphor in Ovid's Amores, Transactions and Proceedings of the American Philological Association 118, 1988, 293 ff.
Calza, G., Die Taverne der Sieben Weisen in Ostia, Die Antike 15, 1939, 99 ff.
Cantarella, E., Pompeji. Liebe und Erotik in einer römischen Stadt, Stuttgart 1999
Cantarella, E., Secondo natura: la bisessualità nel mondo antico, Rom 1998
Carcopino, J., Römisches Leben und Kultur in der Kaiserzeit, 4. Aufl. Stuttgart 1992
Casson, L., Reisen in der Alten Welt, München 1976
Casson, L., Everyday life in ancient Rome, 2. Aufl. Baltimore/London 1998
Cooley, A. E. und M. G. L., Pompeii. A sourcebook, London/New York 2004
Copley, F. O., Exclusus amator. A study in Latin love elegy, 2. Aufl. New York 1981
Corbett, P., The scurra, Edinburgh 1986
Cowell, F. R., Everyday life in ancient Rome, New York/London 1961
Crook, J. A., Law and life of Rome, Itaca/New York 1967

D

D'Arms, J. H., Heavy drinking and drunkenness in the Roman world, in: Murray/Tecusan, In vino veritas 304 ff.
D'Arms, J. H., The Roman convivium and the idea of equality, in: Murray, Sympotica 308 ff.
De Felice, J. F., Roman hospitality. The professional women of Pompeii, New York 2001
Demandt, A., Das Privatleben der römischen Kaiser, 2. Aufl. München 1997
Dierichs, A., Erotik in der römischen Kunst, Mainz 1997
Dosi, A./Schnell, F., A tavola con i Romani antichi, Rom 1984
Dunbabin, K., Scenes from the Roman convivium, in: Murray/Tecusan, In vino veritas 252 ff.

Durry, M., Les femmes et le vin, Revue des Etudes Latines 33, 1955, 108 ff.

E

Edwards, C., The politics of immorality in ancient Rome, Cambridge 1993
Eyben, E., Restless youth in ancient Rome, London/New York 1993
Eyben, E., Antiquity's view of puberty, Latomus 31, 1972, 617 ff.

F

Fear, A. T., The dancing girls of Cadiz, Greece and Rome 38, 1998, 75 ff.
Fittà, M., Spiele und Spielzeug in der Antike, Stuttgart 1998
Flemming, R., Quae corpore quaestum facit, Journal of Roman Studies 89, 1999, 38 ff.
Foeldi, A., caupones e stabularii nelle fonti del diritto romano, Mélanges F. Sturm, Lüttich 1999, 119 ff.
Friedländer, L., Darstellungen aus der Sittengeschichte Roms in der Zeit von Augustus bis zum Ausgang der Antonine, 4 Bde., 10. Aufl. 1922/23, ND Aalen 1979

G

Gallardo, M. L., El simposio romano, Cuadernos de filologia clásica 7, 1974, 91 ff.
Gerard, J., Juvénal et la réalité contemporaine, Paris 1956
Gerlach, G., Zu Tisch bei den alten Römern, Stuttgart 2001
Gibbs, B., Higher and lower pleasures, Philosophy 61, 1986, 31 ff.
Griffin, J., Wine in Virgil and others, in: Murray/Tecusan, In vino veritas 283 ff.
Greenidge, A. H. J., Infamia. Its place in Roman public and private law, Oxford 1894, ND 1977
Guarino, A., Le notti del praefectus vigilum, Labeo 8, 1962, 348 ff.
Guzzo, P. G./Ussani, V. S., Veneris figurae. Immagini di prostituzione e sfruttamento a Pompei, Neapel 2000

H

Hallett, J. P./Skinner, M. B., Roman sexualities, Princeton 1997
Hermansen, G., Ostia. Aspects of Roman city life, Edmonton 1982
Herter, H., Die Soziologie der antiken Prostitution, Jahrbuch für Antike und Christentum 3, 1960, 70 ff.
Hiltbrunner, O., Einladung zum epikureischen Freundesmahl, Festschrift W. Kraus, Wien 1972, 168 ff.

J

Jashemski, F. W., The caupona of Euxinus at Pompeii, Archaeology 20, 1967, 36 ff.
Jones, C. P., Dinner theatre, in: Slater, Dining in a classical context, 185 ff.

K

Kaser, M., Infamia and ignominia in den römischen Rechtquellen, Zeitschrift der Savigny-Stiftung, 73, 1956, 220 ff.
Kleberg, T., Hotels, restaurants et cabarets dans l'Antiquité romaine, Uppsala 1957
Kleberg, T., In den Wirtshäusern und Weinstuben des antiken Rom, 2. Aufl. Darmstadt 1966
Kolb, F., Rom. Die Geschichte der Stadt in der Antike, 2. Aufl. München 2002
Krenkel, W., Pueri meritorii Romani, in: Weiler, I. (Hg.), Soziale Randgruppen und Außenseiter im Altertum, Graz 1988, 191 ff.
Kroll, W., Römische Erotik, in: K. Siems (Hg.), Sexualität und Erotik in der Antike, 2. Aufl. Darmstadt 1994, 70 ff.
Kroll, W., Die Kultur der ciceronischen Zeit, Leipzig 1933, ND Darmstadt 1975
Kurylowicz, M., Das Glücksspiel im römischen Recht, Zeitschrift der Savigny-Stiftung 102, 1985, 185 ff.

L

La Penna, A., Il vino di Orazio: nel modus e contro il modo, in: Murray/Tecusan, In vino veritas 266 ff.
Laurence, R., Roman Pompeii. Space and society, London 1994
Lyne, R. O., The Latin love poets, Oxford 1980

M

Marquardt, J., Das Privatleben der Römer, 2 Bde., 2. Aufl. Leipzig 1886, ND Darmstadt 1990
McGinn, Th. A. J., Prostitution, sexuality and the law in ancient Rome, New York/Oxford 1998

Meiggs, R., Roman Ostia, 2. Aufl. Oxford 1973
Murray, O. (Hg.), Sympotica. A symposium on the symposium, Oxford 1990
Murray, O./Tecusan, F. (Hg.), In vino veritas, Rom 1995

N
Nippel, W., Policing Rome, Journal of Roman Studies 74, 1984, 20 ff.

O
Obermayer, H. P., Martial und der Diskurs über männliche „Homosexualität", Tübingen 1998
Olmos, R., Puellae Gaditanae: heteras de Astarte?, Archivio Espanol de Arqueologia 64, 1991, 99 ff.

P
Pailler, J.-M., Bacchanalia, Rom 1988
Pavolini, C., La vita quotidiana a Ostia, Bari 1986
Purcell, N., Women and wine in ancient Rome, in: McDonald, M. (Hg.), Gender, drink and drugs, Oxford 1994, 191 ff.

R
Rainbird, J. S., The fire stations of Imperial Rome, Papers of the British School in Rome 54, 1986, 147 ff.
Ranieri, A. M., I vigili del fuoco nella Roma antica, Rom 1990
Reynolds, R.W., The adultery mime, Classical Quarterley 40, 1946, 77 ff.
Richlin, A., The garden of Priapus. Sexuality and aggression in Roman humor, New York/Oxford 1992
Robert, J.-N., Les plaisirs à Rome, Paris 1983

S
Sablayrolles, R., Libertinus miles. Les cohortes de vigiles, Rom 1996
Saggese, P., Lo scurra in Marziale, Maia 46, 1996, 53 ff.
Salles, C., Les bas-fonds de l'Antiquité, Paris 1982
Salza, E:, L'arte del convito nella Roma antica, Rom 1983
Savunen, L., Women in the urban texture of Pompeii, Pukkula 1997
Schumacher, J., Sklaverei in der Antike, München 2001
Shelton, J.-A., As the Romans did. A sourcebook in Roman social history, Oxford 1988
Slater, W. J. (Hg.), Dining in a classical context, Oxford 1991
Spiess, A., Militat omnis amans. Ein Beitrag zur Bildersprache der antiken Erotik, Diss. Tübingen 1930
Stumpp, B. E., Prostitution in der römischen Antike, Berlin 1998

V
Väterlein, J., Roma ludens. Kinder und Erwachsene beim Spiel im antiken Rom, Amsterdam 1976
Vanoyeke, V., La prostitution en Grèce et à Rome, Paris 1990
Vierneisel, K./Kaeser, B. (Hg.), Kunst der Schale, Kultur des Trinkens. Ausstellungskatalog, 2. Aufl. München 1992

W
Weeber, K.-W., Luxus im Alten Rom, Darmstadt 2003
Weeber, K.-W., Alltag im Alten Rom I. Das Stadtleben, 7. Aufl. Düsseldorf 2003
Weeber, K.-W., Alltag im Alten Rom II. Das Landleben, Düsseldorf 2000
Weeber, K.-W., Panem et circenses. Massenunterhaltung als Politik im antiken Rom, 3. Aufl. Mainz 2000
Weeber, K.-W., Decius war hier. Das Beste aus der römischen Graffiti-Szene, 3. Aufl. Düsseldorf 2003
Weeber, K.-W., Die Weinkultur der Römer, 2. Aufl. Düsseldorf 1999
Weeber, K.-W., Flirten wie die alten Römer, Düsseldorf 1997

Y
Yardley, J. C., The elegiac paraclausithyron, Eranos 76, 1978, 19 ff.

Anhang – Bildnachweis

Abb. 1: P. E. Visconti 1897
Abb. 2: Archives Photographiques, Paris; Alinari-Giraudon; Giraudon, Paris
Abb. 3: nach F. P. Maulucci Vivolo, Sammlung erotischer Gedichte aus Pompeji, Pompeji o. J.
Abb. 4; 5: nach A. Dosi/F. Schnell, A tavola con i Romani antichi, Rom 1984
Abb. 6: nach U. E. Paoli, Das Leben im alten Rom, Bern 1961
Abb. 7: Rheinisches Landesmuseum, Trier
Abb. 8: DAI Rom
Abb. 9: nach F. Coarelli, Lübbes archäologischer Führer. Pompeji, Bergisch Gladbach 1979
Abb. 10: nach G. Hafner, Prominente der Antike. 337 Porträts in Wort und Bild, Düsseldorf 1981
Abb. 11; 12: nach U. E. Paoli, Das Leben im alten Rom, Bern 1961
Abb. 13: Werner Forman
Abb. 14: M. R. Salzmann, On Roman Times, 1990, Abb. 52
Abb. 15: nach G. Hafner, Prominente der Antike. 337 Porträts in Wort und Bild, Düsseldorf 1981
Abb. 16: nach K.-W. Weeber, Decius war hier ... Das Beste aus der römischen Graffiti-Szene, Zürich 1996
Abb. 17, 18, 19, 20: Alfredo und Pio Foglia
Abb. 21: nach A. Dosi/F. Schnell, A tavola con i Romani antichi, Rom 1984
Abb. 22: nach G. Hafner, Prominente der Antike. 337 Porträts in Wort und Bild, Düsseldorf 1981
Abb. 23: Louvre, Paris
Abb. 24: Giraudon, Paris
Abb. 25: AKG-Images, Berlin (Erich Lessing)
Abb. 26: Museo della Civiltà Romana, Rom
Abb. 27: Foto Scala, Florenz
Abb. 28: Museo della Civiltà Romana, Rom
Abb. 29: Nationalmuseum, Athen
Abb. 30: Alfredo und Pio Foglia
Abb. 31: Bildarchiv Steffens (Leonard von Matt)